# あなたにメッセージが届いています

江原啓之

# 天からあなたにメッセージが届いています

そうです、あなたにです。

そのメッセージをどうか開いてみてください。あなたが「本当の幸せ」に出会うために必要なメッセージが書かれているはずです。それを受け取ってください。この中には、あなたが日々抱いてきた想いが詰め込まれているはずです。

人は誰もが、幸せになるために生まれてきました。

嘘ではありません。本当です。

しかし、今までのあなたは、幸せなとき・つまずいたときを、単に「運・不運」で判断し、片づけてきてしまったことと思います。

そこに間違いがあるのです。この世に生まれてきた理由は、あなたが本当に幸せになるため。ですから、たとえつまずいたり失敗したりしたこともすべて、あなたが幸せになるために必要な出来事だったのです。

人は、人生という旅の営みをすることで、「喜・怒・哀・楽」という経験と感動を得ます。皆さんは「喜・楽」は幸せで、「怒・哀」は避けたいと思う辛《つら》い経験だと受け止めるかもしれません。しかし、喜怒哀楽のすべてが、あなたが幸せになるために必要な、大切なメッセージなのです。

現世に生きるあなたも、たましいの存在です。

現世に身を置き、肉体を纏《まと》って生きていたとしても、肉体を司るのはあなたの心です。心こそたましいの顕現《けんげん》ですから、それが証拠です。ですから、あなたはたましいの存在なのです。

そして、やがて迎える死も「無」になることではなく、たましいの世界に帰るということなのです。ですから、「人生は旅である」と伝えたのです。

この地上に旅に来て、もっと自分自身の本質を知って、たましいを成長させたい。そして、未熟なことも、「明日の幸せ」を成就させるために理解したいと、願ってきたのです。

ですから、人生の出来事は、うまくいくことにも意味があり、つまずくことにも意味があるのです。

たましいの世界には「理《ことわり》」があります。それを、「たましいの法則」といいます。

この地上界は、理不尽、そして不条理なことばかりと感じるかもしれませんが、それは現世に生きる人の「未熟なたましい」の顕《あらわ》れです。その反面、人の美しき心や優しさ、愛に触れ、感動することもあるでしょう。それこそが「成長したたましい」の顕れなのです。

地上界に生きる人々の営みというものは、自分自身の成長のために、つねに自分の本当の心の姿を映し出し、見つめる旅ともいえるでしょう。そのように導いてくれるのも、法則なのです。ですから、幸運と思うことも、つまずき（不運）と思うことも、その両方ともに「幸せな導き」なのです。

あなたが幸福と感じたのなら、それはあなたのこれまでの「経験と感動」の努力が成就し、正しい判断と行動ができた証。たましいの成長が顕れたときなのです。また反対に、あなたがつまずき、不幸を感じたとしても、それはただ不運で偶然に見舞われた悲しみではありません。まだ成長できていないあなたの「たましいの未熟な部分」が顕れただけなのです。ですから、幸せの成就には至らなかったのです。

そのことに気づいたら、ただ単に、「運・不運」と片づけず、その未熟さを乗り越え、成就する未来に進むことができるでしょう。

多くの人は、後になってそのことに気づくものです。「あのときは悲しかったけれども、自分自身が未熟だったのだ」と。

そうです。つまずきは、未熟さを理解し、無知を智に変えるための「自分自身のたましいの導き」だったのです。

そして、忘れてはならないのは、日々起こる出来事には、あなたが幸せになるためのメッセージが届けられているということ。何気ない出来事や、抱く感情——そこにもメッセージが届いているのです。その事実に気づく人生と、気づかないで生きる人生とでは、大きな違いが出てくることでしょう。

しかし、あなたはこの本を手に取りました。すべての出来事は、偶然ではなく必然です。ということは、あなたに届けられたメッセージが、この本の中にあるということ。本当の幸せを知るための「重要なメッセージ」が込められているのです。

あなたの悩みや迷いなどの「心の声」がきっとこの中にあるでしょう。あなたが気になったところから自由にページを開いて、「天の声」（天からのメッセージ）を受け取ってください。そして、「天の声」が教えてくれることを実践しやすいように「手ほどき」もまとめてあります。

また、特別付録として、日本そして世界についての「未来へのメッセージ」も記しました。

こちらはより大きなテーマでもあります。特に現代は「難局にある」と誰もが感じているときだけに、その現実とまだ向かい合う自信のない人もいることと思います。ですから、その部分はページを閉じました。あなたに勇気が漲《みなぎ》ったとき、ぜひその封印を解いて受け取ってください。

個人の人生の幸せは、地上界の幸せの上に成り立つのですから、そこに関心を抱くことも重要なことです。

さあ、あなたにメッセージが届いています。天の声が、あなたを導いてくれることでしょう。あなたの人生が、より輝きのあるものとなるようにお祈りしております。

江原啓之

# あなたにメッセージが届いていますもくじ

## 目次

## 声を受け取るために

こんなふうに思ったとき、
天の声に耳を澄ませてください

心の声

# 楽して暮らしたい

天の声

人生は旅です。
その旅の名所は、経験と感動なのです。行動という経験を通して、喜怒哀楽という感動を得て、そしてたましいはより輝くのです。

喜・楽ならともかく、どうして怒・哀にまで感動しなければならないのか？
それは、愛を知るためなのです。すべての感動を通して、人は人の心を知ります。それはやがて愛となるのです。

人の喜びも悲しみも受け止められる「愛に溢れる人」となれば、誰からも好かれ、そして我が身をも助けることができるのです。

すなわち、幸せを呼び込むのです。

世の中には「働きたくない」という人もいます。そういう経験をすることも、「収入がない」「苦しい」「不安」といった状況を味わうひとつの「感動」ではあります。転んで学ぶことで、働くことの幸せに気づけるでしょう。

大切なことは、つねに経験と感動を恐れず、進化することなのです。

**手ほどき**

○感動とは「感じ動くこと」。楽をした分、得られる「感動」は減る
○たましいは、苦労や試練を味わうことをも望んで生まれてきた
○楽をしたいと思ったり、そのことに葛藤を抱くのも「経験」のひとつとしては、否定はしない。
転んで学ぶ道もある

心の声

# 時間を守れない

天の声

たましいにおいて、時間はお金以上の価値があることを知っていますか？

いのちは、お金では買えません。それは残された時間を見つめて生きている人には、痛いほど理解できていると思います。

だからこそ、時間は大切に扱わなければならないのです。人との待ち合わせでさえも、相手の現世での時間を費やしてしまうと考えれば、無闇に遅れることもなくなります。

また、いつも人目を気にして悩んだり、くよくよすることも同然です。取り返しのつかないことや、無駄なことに心を煩わせるだけ、人生の時間を無駄にしているのです。

ならば、「生き金、死に金」というお金を有効に使う考え方以上に、つねに時間に対しても「生き時間、死に時間」という考えを持つことが大切です。

もちろん、休養も重要です。それも、何となくダラダラと無計画に一日を過ごすのではなく、「今日は何もしないで、身体を休ませる」と決めて、有効に時間を費やせば、それは「生き時間」となるのです。


このメッセージは、〝いのちの時間〟を見つめたときに、よく理解できることでしょう。

しかし、その前に気づくべきです。

すると、幸せがより実感できます。

## 手ほどき

○時間は「価値のあるもの」
○いのちは有限。「限りがある」と理解できれば、時間を一分一秒も無駄にはできなくなる
○遅刻したときは、自分の人生の時間だけではなく、相手の時間をも無駄にしてしまったのだと理解すること

心の声

# 人間関係に苦労している

天の声

あなたは現世に「経験と感動」を求めて生まれてきました。
そして、現世での学びのほとんどは、人との関わりで磨き合うのです。
孤独という学びもまた、人間関係です。他者がいてこそ孤独があるのですから。

現世では、便利さを求め過ぎて、その分たましいは、より混迷を深めています。人との関わりも、直接的ではなく間接的なものが多くなっています。それは人の弱さを浮き彫りにする因果が巡っているかのようです。

現世の人々はみな、人間関係に苦労しています。しかし、その苦労は人の心を知り、より愛を深め成長するためにも必要なことなのです。

そして、その学びの成就こそ、より高い人格となり、より愛し愛され、幸せになる道なのです。

それなのに、人は磨かれることを「摩擦の恐れ」と捉《とら》えてしまい、せっかくの現世でのリアルな関わりを放棄しているようです。

それが、いつまでも「本当の幸せ」を実感できず、迷宮入りしてしまう原因にもかかわらず……。

一日も早く「本当の幸せ」を得るためには、何よりもその迷宮を抜け出すことなのです。

### 手ほどき

○人との関わりを持ち、苦労も味わうからこそ、切磋琢磨できる
○人とぶつかることを避けていたら、いつまでも本当の幸せを実感できない
○人間関係に苦労できるのも、現世にしかない喜びのひとつ

心の声

# 長続きしない

天の声

なぜ、何事も長続きしなければならないのでしょう。なぜ飽きることはいけないのでしょうか。人生の意味を知らなければ、人はつい物質的価値観で判断し、「物質的評価」ばかりを求めてしまうでしょう。

確かに、コツコツと積み上げることは素晴らしいこと。しかし、現世の学びは、経験を通して感動することなのです。ですから、生きるうえで一番いけないことは、経験と感動を拒むことです。とすると、長続きすることも経験と感動。長続きしないことも経験と感動。同様なのです。

もしあなたが長続きするほど情熱を注ぎ込むことに出会えていないとしても、安心してください。それもまたひとつの経験と感動なのです。今後の人生の中で、生き甲斐を感じることに出会えれば、そのときあなたは、今まで得られなかった「継続する」という経験と感動に、喜びを持って情熱を注げることでしょう。

すべての学びは、光と闇。光があるから闇がある。闇を理解して光を知るのです。無駄なことなど、ひとつもありません。すべてが正しいのです。むしろ、長続きしないのはよくない、間違いと決めつけるあなたの考えに問題があるのです。

運命は、自分の手中にあるのです。多くの経験と感動に大いに挑んでください。

## 手ほどき

○長続きすることもしないことも、それぞれに意味がある。全部が「経験と感動」
○なぜ、飽きっぽいのかを分析する
○焦りは禁物。生き甲斐や情熱を感じることがあれば、長続きするようになる

心の声

# 自分の意見を言えない

天の声

自分に正直に生きてよいのです。
あなたに向けられた評価を気にしてはいけません。
否定されることを恐れないでください。
あなたはあなたでしかないのですから。

もし、あなたが人と違う思考を持っていたとしても、他の意見と摺《す》り合わせてみてこそ、その価値観や考え方を理解することができるのです。自分の意見を表現しないことには道を究めることはできませんから、それは大変損なことなのです。

もしかすると、過去にあなたの意見が傷つけられたトラウマがあるかもしれません。そのときのことが根底に残り、恐れを抱いてしまうのかもしれません。

そんなときには、深く深呼吸をして胸と丹田に手をあててください。そしてリラックスしてください。きっと新鮮なエナジーが湧き上がることでしょう。

## 手ほどき

○自分を否定されることを恐れるからこそ、本音や意見を言えなくなっている
○自分に嘘をついてごまかしていないか、見直すこと
○過去の嫌な経験やトラウマが原因のことも。胸と丹田（おへその下にあるツボ。指を横にして3本分くらい下）に手をあてて深呼吸を

心の声

# 褒められたい

天の声

褒められるということは、ひとつの励みになることは事実です。しかしどんなに尊敬できる人からの言葉であっても、あなたのすべてを理解しているわけではありません。ですから、どんな褒め言葉も、それは現世の中であなたが表現する事柄のほんの一面に対してにすぎないのです。

この世であなたを一番よく知っているのは、他ならぬあなた自身なのです。

ですから、大切なことは、人生の中で現実逃避や言い訳をせず、自分自身を理性的に分析し、自分で自分を褒められるように生きることなのです。

でなければ、少々の偏見や誤解を他者から向けられただけで、あなたの気持ちは萎えてしまうことでしょう。評価を他者に求めず、自分自身で正当に自分を褒められる道こそが、正しい評価なのです。

そしてそれが「ひとりよがり」かどうかわからないときには、一番あなたを理解する存在に、その答えを求めてください。

それは、あなたの守護霊です。

## 手ほどき

○褒められることは、ひとつの励みになるから、悪いことではない
○褒められたときは、うぬぼれではないか客観的に振り返る
○自分で自分を褒められるように生きることが大切

心の声

# 人の不幸を望んでしまう

天の声

あなたは喜びを大切にしながら生きていますか？
偏狭な心や視点で生きていませんか？

毎日を「天国の心」で生きることは、誰でもみな、たましいの義務なのです。

狭い視点で狭い社会を生きていれば、ネガティブな感情に支配されてしまうかもしれません。しかし、それはあなたにとって決して幸せなことではありません。

また、その想念は、あなた自身を「地獄の心」へと変えてしまい、オーラも輝きも歪めてしまうことになります。

あなたが幸せを実感していれば、どのようなことも寛大に受け止められ、愛を持って対処することができるのです。

あなたの人生のフィールドは、あなたが思うほど狭いものではありません。もっともっと広いのです。

さあ、心の扉を開きましょう。人に悪感情を向けている時間がもったいないのです。生き甲斐を見つけ、羽ばたきましょう。

## 手ほどき

○ネガティブな心で居続ける限り、あなた自身の幸せは手に入らない
○あなたが毎日幸せな心持ちで生きれば、人の不幸を望まなくなる
○人の不幸を望んだり、他者に悪感情を向けている時間が一番もったいない

心の声

# 自分が好きになれない

天の声

「自己嫌悪」は素晴らしいのです。

なぜなら、その裏には「向上心」が宿っているからです。それに気づかないでいる時間が一番もったいないのです。

ある意味、「自己嫌悪」は、その向上心を「努力」に変えることを拒む、駄々をこねる怠惰な感情なのですが、人は何かしらの「奮起するきっかけ」が必要なときもあるものです。誰もが背中を押してもらいたい甘えん坊でもあるのです。きっかけ作りとなる人との出会いを求めることもよいでしょう。

また、最良の道は「とことん自己嫌悪に陥って、〝嫌な自分〟と決別すること」なのです。

たましいの底からそんな自分に嫌気がさせば、変えられるはずだからです。中途半端な自己嫌悪は、無闇に時間を引き延ばすだけです。

あなたの運命を変えるのは、他ならぬあなた自身なのです。

重い腰を上げて、新しいあなたへと変化してください。自己嫌悪感の度合いが強ければ強いほど、「新たなる人生の幕開け」の開演を告げる鐘が鳴っているということなのです。

手ほどき

○嫌と思うのは、「もっと向上したい」という欲が裏にあるから
○どこがどう好きになれないのか、分析する。自分に足りないところを知ればこそ、磨くことができる
○努力さえ怠らなければ、あなたはこれからいくらでも変われる

心の声

# 断れない

天の声

本来のあなたは自由なのです。それなのにどうして自分の意志を主張できないのでしょう？

答えは簡単ですね。

それはあなたが「好かれたい」「悪く思われたくない」と思っているからです。

ときに、あなたの苦手なことであってもそれが許容範囲であるなら、付き合うのも「人付き合い」のうちともいえるでしょう。お付き合いすることも、ある意味では「寄り添う奉仕」です。

しかしながら、それが苦痛に感じるほどとなると、また話は別です。

あなたは自分の個性を曲げてまで、そんなに好かれたいのですか？

そうまでして合わせてみたところで、相手はあなたの人生のすべてに付き合ってはくれません。


また、相手には「自律しているあなた」として、素直に付き合ってくれているのだと誤解させてしまっているかもしれません。そうであるならば、あなたにも責任があります。

あなたのその思いは偽りなのですから、いつまでもその嘘を貫くことはできません。


簡単です。

あなたはあなたでしかないのですから、堂々とあなたらしく表現して生きてください。

長く自分を偽ったままでいると、いざそれを修正したときに「とたんに態度が変わった」と思われやすくもなります。相手を傷つけないように、自律と自立をして生きましょう。

## 手ほどき

○自分を偽ってまで付き合う必要はない

○自分を曲げてまで付き合うのは、「相手から悪く思われたくない」という本心があるのだと知る

○自分を律する「自律」と、人に依存しない「自立」。それができれば、自分に嘘をつかずに人付き合いができる

心の声

# 幸せな結婚がしたい

天の声

幸せな家庭とは、いったいどんな家庭なのでしょう。

結婚を意識する人の中で、家庭環境に恵まれなかった人などから、「幸せな家庭を知らないので、自分が創れるのか心配」といった不安を聞くことがあります。

しかし、幸せとは「形」ではありません。

ひと言で言えば「愛が育まれていること」を指します。

ですから、経済状況や家族の形などは、幸せとは関係のないことだと断言できます。逆に、一見物質的には何の不自由もない家庭なのに不仲ということも多々あります。

結婚や家庭に対してネガティブなイメージを抱くことよりも、つねに愛で満たすことを意識し、誓うことが大切なのです。

反対に、結婚や家庭について確固たるイメージを抱きすぎて柔軟さが得られず、理想と違う自分自身の現状を受け入れられず苦しむ人もいるのです。

幸せとは、形ではなく、愛が宿ることなのです。

イメージにこだわりすぎるよりも、たとえどのような現実に向き合おうとも、愛がそこにある場を考えればよいのです。

## 手ほどき

○物質的に恵まれているかどうかで「幸せ」は決まらない。大切なのは、むしろそこに愛があるかどうか
○幸せな結婚や家庭というものに、幻想を抱きすぎないこと。幻想を抱くと、現実とのギャップに悩むことになる
○幸せかどうかは、「形」で測れるものではない

心の声

# 評価してもらえない

天の声

昔の日本には「道場破り」という行為がありました。
自分の力量を測りたいという行為です。
しかし、現代人は、自分の力量を測る以前に、過信している人が多いように思います。
それにより、無闇に失望感や不平不満を抱いているように思えるのです。

たとえば、物質的価値観で見た「いい学校」を出て、一流企業に入っても、その人がどこの職場でも活躍できるとは限りません。企業人とは、言ってみれば「分業のコマ」のようなものなのですから。
むしろ、物質的価値観から生まれる自信が傲慢さとなり、支障をきたしていることが多々あります。

どんな場にいても、どんなときでも、自分の力量を謙虚に受け止められなければなりません。それができてこそ、「仕事ができる人」となりえるのです。

すべては人間力。

どこでも何でもこなせる「教養のある人物」であることです。

それを理解してはじめて、現代の「道場破り」も実りあるものとなるでしょう。

**手ほどき**

○自分に過剰に期待していないか

○学歴やキャリアなど「物質的価値観」による評価で、人物を測らない

○大切なのは「人間力」。人としての思いやりや想像力、機転など、総合的な力こそが必要

○本当に不当な評価だと思うなら、正当に評価してもらえるところに行く挑戦を（転職など）

心の声

# お金がない

天の声

お金はあなたの「心の手足」です。
そのことに気づいてほしいというメッセージが訪れているのです。

手足を運んで体を動かすのと同じで、お金という「心の手足」は、あなたの人生において、目的を掴《つか》む助けをするものです。

そうです。
現世において「お金の運命」を創っているのは、あなたなのです。お金というものに恵まれるかどうかを、あなたは自分の努力ではどうすることもできない「宿命」だと捉《とら》えていませんでしたか？「私はお金に縁がない」などと負の意識を抱いていませんでしたか？

また、浪費するたびに、その浪費癖に対して「嫌悪感」という感情を抱き、それに振り回されているだけではありませんでしたか？
お金を得ることは、あなたが生まれてくるときに決められた「宿命」ではありません。すべての「運命」は、あなたの手中にあるのです。あなたの意志で決まるのです。

お金は、心を表します。
そして、お金にはメッセージがたくさん込められています。

人は、「愛の電池」で動くものです。ですから、愛情不足など、満たされない想いがあれば、それが誤作動を起こします。本当に欲しいのは愛なのに、物を代替として得てしまい、それが浪費癖となって、気づかないうちにお金を失う結果となるのです。

そもそも、お金を得るという「労働」は、あなたの大切な人生の時間を費やして行われるもの。つまり、人生の時間を無駄にする人は、お金も無駄に使います。人生の時間が貴重であることを理解している人は、その時間の代償であるお金を大切にし、そして、自分自身の人生に有効になるように使うのです。

## 手ほどき

○お金がないのは「宿命」ではなく、自分の努力と行動でいかようにも変えられる「運命」

○お金の使い方やお金に対する感情には、あなたの心がそのまま表れている

○愛に満たされていないときには、買い物に走るなど、お金の無駄遣いをしがち

○労働の対価として手に入れるのがお金。お金を無駄に使う人は、その労働や人生の時間をも無駄にしている

心の声

# なんだか寂しい

天の声

寂しさや虚しさは、輝ける明日を創るエナジーです。火山のマグマがぐつぐつとパワーを高めていくように、どうぞたっぷりと味わってください。運命の扉は、重い腰を上げなければ開きません。

不平不満を言っているうちは、まだまだ意欲がないのです。口で言うだけで本当のところは何となく満たされています。ですから、その不満も言葉遊びに過ぎないのです。

ちょうど空腹を感じるのと似ています。本当にお腹がすいて辛《つら》くなれば、味の良し悪しなど関係なく、すべてのものがご馳走となるでしょう。それと同じなのです。人は、「本当に渇かなければ満たされない」のです。

本当の辛さを抱えたときこそ、人は理性的に考え、行動します。感情で文句を言っているうちは、そこそこ幸せなのだと理解してください。

たましいは、あなたにメッセージを告げています。その声が聞こえますか？「本当にあなたは、このままでいいの？」と。

手ほどき

○口先だけの不満を並べているうちは、本当に寂しいわけではない。まだ心の余裕があるということ

○寂しさや虚しさは「中途半端」に味わうのが一番よくない。とことん味わってみると、今、何をしなければいけないのかが見えてくる

心の声

# やる気が出ない

天の声

ときに意欲が漲《みなぎ》らないことがあるものです。
そこにも、実は大きなメッセージが宿っているのです。

あるときは、今後のために心身のメンテナンスが求められていたり、またあるときには、「冷静に自分自身の足元を見つめるとき」と告げられていたり、「今は落ち着いてときを待ちなさい」ということだったり。そのどれであっても、まずは自己を内観して、もたらされているメッセージの意味を探りましょう。

そのとき、決してしてはいけないことは「焦り」です。焦りはたましいの声を妨げます。

人生のカリキュラムの充実のために、せっかく告げられたメッセージなのです。

もちろん、やらなければならない義務は果たしながらも、自分自身のたましいを見つめる時間を持ちましょう。

## 手ほどき

○心身のメンテナンスをする時期ということ
○焦りは禁物
○自分を見つめる時間を持つことが何よりも大事

心の声

# 会話や会食が苦手

## 天の声

口は、エナジーの交流の源です。

他者と一緒に口を使うことはすべて同じ。心の交流なのです。食べる行為も大切ですが、むしろ「心を通わせるため」に、会話も会食もあるのです。食べること、味わうことに本当に専念したければ、ひとりで食べたほうがよいのですから。


人との関わりが苦手な人は、人間不信が原因です。その多くは、家族間の問題です。まずは「家族と理解し合えない問題を解決しなさい」というメッセージです。

生まれて最初に出会う人間関係は、家族です。そこでつまずくと、他者に広がりません。

まずは、家族との心の交流と理解に努め、そして、一緒に食事をすることができるまでになることです。

そして、次には親しい友人とお茶だけ一緒にするところからでもよいでしょう。訓練が大切なのです。次に食事。それを克服できたら、知人との会食と広げていきましょう。

家族と本音で話し合えることができる人は、他者との交流も苦にはならないのです。家族がこの世にいないなど、どうしても家族との交流が難しい人は、家族同然に思えるような、あなたに一番近い人から、和合を試みましょう。

大丈夫。
あなたに「克服したい」という熱意があるなら、必ず乗り越えられます。

## 手ほどき

○口はエナジーの出入り口。そこをオープンにできないのは、心を開いていないということ

○家族間に何か問題がないか、振り返ってみる

○まずは家族と食事をしたり、身近な友達とお茶をする。それに慣れたら、知人と食事をするなど、少しずつ交流の幅を広げていく

心の声

# 甘えられない

天の声

それは悪いことではありません。それでよいのです。

よく恋愛などで「君はひとりで生きていける」などと言われ別れたなど、甘え上手な人は得をして、自立した人は悲しい結末を迎えるというようなことをいわれますが、それは、そのとき別れるための理由づけ。単なる言い逃れであって、絶対にそんなことはありえません。嘘です。

この世に、本当に強い人などいないのです。みな、自律と自立の努力のうえで、凛としているだけなのです。

また、たとえ本当に強く見える人だとしても、その人の内面がわかる人であれば、凛と生きる姿を愛おしく思い、寄り添いたいと思わせるものです。

甘え上手な人が必ずしも得をするわけではありません。そのときはそう見えても、打算で甘えていたのなら、そのボロは必ず出ます。いつもうまくいくとは限りません。ですから、どんなときにも自律と自立、責任主体で生きることが大切なのです。その姿勢でいれば、誰かに媚《こ》びる必要も服従する必要もなく、輝いて生きられるのです。

忘れてはいけないのは、そういうふうに、強がってでもひとりで生きられている幸せがあるということ。その幸せにも、同時に感謝しましょう。

人生には、誰かのお世話になるべきときも訪れるものです。依存ではなく、誰かの手を借りる必要があるときには、感謝の気持ちを大切にして、甘えてもいいのです。それが、助け合うということ、寄り添うということでもあるからです。

## 手ほどき

○他人に依存せず、凛と生きているのは素晴らしいこと
○自律と自立ができている証
○本当に困ったとき、助けが必要なときは、人の手を借りていい。それは依存ではなくて、寄り添い

心の声

# コンプレックスがある

天の声

現世では何事も画一化した考えを共有したいという幼さが蔓延しています。目指すものや好むものを画一化すれば、努力が単一になり、安心できるからです。みずからの思考に安心したいだけなのです。

しかし、そんなことはありえないのです。
人の好みはまちまちです。
それが自律。それで良いのです。

自分を卑下する人は、そこにあるメッセージに気づくべきです。「他者も卑下することを知りなさい」というメッセージです。

自分を差別する視点は、他者を差別する視点に通じるのです。自分の嫌いなところは、他者の中にあっても嫌いなものです。

まずは卑下、差別しないこと。卑下したり、差別したりする心がオーラを汚すのです。

なんの偏見も持たない天真爛漫さは、天国の心です。天国の心を好かない人は、どこにもいません。

## 手ほどき

○自己卑下している人は、実は同時に、他人に対しても差別的な考えを持っている

○あなたがコンプレックスに思っていることも、誰かから見れば、魅力に映っている

○自分、そして他人に対して偏見や差別を持つと、オーラが汚れる。コンプレックスを克服するためにも、その偏見を拭う

心の声

# 存在感がない

天の声

「存在感がない」

そう思っているあなたは、まずそこに大きな誤解があります。存在感がないという存在感があるということだからです。それは、大きな個性です。

そもそも、「存在感がある人」のことがそれほどまでに羨ましく、良いことと思うのはなぜでしょう。逆に、「存在感がある人」の視点に立って想像してみたことはあるでしょうか？

自己アピールの上手な人は、意識してか否か、自分のことをコミュニケーションの中で自然に伝えているのでしょう。だから、たとえば誕生日なども覚えていてもらえるのです。しかし、その分の苦労もあるでしょう。お返しなどを考えなければならないし、交流上手なだけに、「あの人とはうまくやっておいたほうがいい」と、打算で付き合われてしまうかもしれません。

存在感がないということは、言ってみれば「気兼ねのいらない人」ということ。その個性と利点を生かして、自然体で過ごせれば、そのほうがよほど交流上手となりえます。それなのに、「恨めしい」気持ちでいたら、かえってオーラを曇らせて、反感を持たれることもあります。

ありとあらゆるネガティブな思考にとらわれている人に告げます。
幸せの元は、視点にあります。ネガティブなことのすべては、視点を変えれば利点となるのです。そのことをしっかりと理解しましょう。

## 手ほどき

○存在感がないというのも大きな個性
○人の邪魔をしないという控えめさを利点に変えればいい
○華やかで存在感がある人には、その人にしかわからない苦労もある

心の声

# 顔を見るのも嫌な人がいる

天の声

「愛の反対は無関心」

本当に嫌な相手なら、放念するのが真実です。

ですから、嫌いという感情も、実は関心があるということ。その事実を正しく受け止めるべきなのです。

あなたがその人を嫌いになった理由は、傷つけられたからかもしれません。けれども、もしそれが事実無根のことであれば、あなたは放念することでしょう。嫌だとまで思ったのは、実はその中に耳が痛いと感じてしまうようなあなたの真実が宿っていたからかもしれません。

そのときの状況や相手の物の言い方などの〝演出〟によって「憎悪」へと結びついたとしたなら、大切なのは、そういう見た目の〝演出〟を気にすることではなく、その中にある真実を見ることです。その真実だけを抽出すれば、他者への憎悪には結びつきません。

どうしても放念できないというときには、「わかってほしい」というあなたの依存心が存在していたりします。

真実はあなたが一番よく知っているのです。

そして、天が知っているのです。

あなたが輝くためのメッセージのみを抱きましょう。あなたが自分の人生の大切な時間を提供してまで、無駄な〝演出〟を成敗することはないのです。

## 手ほどき

○「嫌い」も「好き」のうち。本当に嫌な相手なら、目にも入らない

○嫌なことを言われて癇《かん》に障《さわ》ったなら、どこかに「痛いところを突かれた」という思いがある

○嫌だと感じる理由は、実は自分の中にある。なぜ嫌なのかを分析する

心の声

# 緊張しやすい

## 天の声

緊張は誰でもします。それは、ある意味「期待」の裏返しでもあり、相対する人に対して真摯に向き合おうとする誠実さでもあるのです。

しかし、必要以上に緊張し、体調などにまで影響する人は、実は相手よりも自分と向き合っているということなのです。必要以上の期待感だったり、過去の人間関係での失敗がトラウマになっていて、嫌われたらどうしようとか、自分の欠点が露呈したら……などと恐れていたりするのです。

しかし、そのような「恐れを抱くオーラ」は、かえって相手に不信感を与えたり、気遣いをさせたりしてしまうものです。

また、緊張するとお腹が痛くなるという人がよくいます。その症状も、実はメッセージ。心が消化できないと、消化器に症状が顕《あらわ》れやすいのです。

誰だって、気を遣いすぎる付き合いは避けたいものです。現世では信頼関係が成立すると「気のおけない仲」と言いますが、つまり、「気」を遣うことも、ことさら気を利かそうと意識する必要もない仲ということです。

人は誰でも、癒しを与えられる関係を求めているのです。
あなたが極度に緊張するほど、相手はあなたの欠点を探していません。

## 手ほどき

○極度に緊張するときは、実は相手や周囲のことよりも、自分のことに関心が向いている
○自意識過剰になっていると、いつまでも緊張する。心配しなくても、他人はあなたのことをそれほど見ていない

心の声

# 変化がない

天の声

変化とは自分が創るもの。

ただ変化を待っていても、良い運命は築けません。良い運命の訪れをただ待っている人がいますが、あなたの人生のすべて、着るものから食べるものまで、「与えられること」に甘んじていて幸せでしょうか？


あなたは今まで「待っていただけ」だったのです。

良き運命のおこぼれにあずかろうとして、惰性の戯《たわむ》れをしていたのではないでしょうか？

「変化がない」と嘆くあなたに、そのことに気づいてほしいとメッセージが届けられているのです。

たとえ自分自身ではどうにもならないことでも、働きかけるとか、視点を変えることは、できるものです。あなたが望んでいるような大きな変化を得るのは難しくても、他の小さな変化ならばできるはず。

「変化癖」とはおかしな言葉ですが、変化を望む人は、模様替え、ファッションを変える、資格試験に挑む、友人関係を広げるなど、身近な変化に目を向けています。そうした小さな変化を起こしてこそ、大きな変化が近づくのです。

また、このように「小さな変化」に挑んでいくと、自分自身の未来を広げるメッセージが、毎日のように訪れます。

## 手ほどき

○変化は、待っていてもやってこない。運命を築くのは、あなた自身

○自力ではどうにもならないと思えることでも、何かしら働きかけてみる

○いきなり「大きな変化」を期待しないこと。身近にある小さな事柄から、変化する癖をつけていくことが大事

心の声

# よく眠れない

天の声

現代人は、物質的価値観の甘い誘惑に負けて、本当の生き方を忘れてしまっています。その歪みが現代人の闇として顕《あらわ》れてきてしまっています。そこに大きなメッセージが届けられているのです。

現代は、必要以上の情報量が溢れ、そのため、希望よりも不安を煽《あお》る事柄も多くあります。そして、自然界をも人間の手で変えられるという傲慢さも強まり、人智を超える事柄に対しては、感謝よりも不安を覚えるようです。そして、人類は、生命コントロールなど「神の領域」までも手中に収められると誤解しています。

そのような現状にあり、知らず知らずのうちに、人は謙虚さを失いました。

そして、そんな殺伐とした心の乱世を、懸命に生きています。このような日々を生きていると、安らかな時間を持つことは難しいものです。

ただでさえ、現代人の睡眠時間は少ないでしょう。物質至上主義では、休むこともままならないからです。そんなメッセージを告げられているあなたは、この状況を変えたいとは思いませんか？

現世は、誰もがオリジナルな旅をしているのです。恐れを手放して、心の自由を得て、生きる喜びに溢《あふ》れる毎日を生きませんか？

あなたの眠りを妨げるストレスを内観してください。環境なのか、仕事なのか、それとも人間関係なのか。その理解は目前まで来ています。それを理解したとき、本当の癒しが訪れることでしょう。

癒しが得られないときのオーラは、幽体のオーラが精神のオーラに勝っている状況にあります。簡単に言えば、天に心を委ねることができず、戦々恐々と生きている状況なのです。

そんなときは、自然の中に身を置いて、深呼吸をしてリラックスしましょう。美しい景色や花を見たり、動物の営みを見るのもよいでしょう。そして、丹田に手を置き、瞑想をしてください。すると、エナジーが調和していくことが理解できるでしょう。

これを日頃より心がけ、就寝のときにもこのイメージを持ってください。

心とたましいに、「おやすみなさい」と。

## 手ほどき

○自然のリズムから遠ざかった生活をしすぎている
○眠れない原因、ストレスを分析する
○寝る前に、丹田（おへその下、指3本分のところにあるツボ）に意識を向けた呼吸法を実践する

心の声

# お節介

## 天の声

必要以上に人のことが気になったり、助けたいと思うとき、実は本当に助けたいのは自分自身のことであったりするのです。そのことに気づかないでいると、他者との間に摩擦《まさつ》が生じてしまいます。

また、どうしても相手の間違いなどが見えて、「変えてあげたい」と考えたとしても、その人生を生きる主人公はその人自身なのだということを忘れてはいけません。できるだけの想いみたまを込め、しかしながら謙虚なアドバイスをすることです。相手の人生を尊重して、望まれていないことは過干渉に言及しないことです。

人は、それぞれが自律と自立をした関係であることが大切です。それは寂しいことのように思われがちですが、違います。尊重なのです。

「自分自身をわかってもらいたい寂しさ」が根底にあるゆえに、必要以上の干渉をしていることはよくあることです。

特に親子の関係では、「あなたのため」と言いながら、本当は自分のためだったりします。そんなとき、親子の間で摩擦が起こります。

それと同様に、あなたも「自分を理解してほしい」という気持ちから、摩擦をつくっていませんか。

## 手ほどき

○想いみたま（想い）を込めるのは大事だが、相手の人生なのだから、相手が望んでいないことにまで首を突っ込まない
○他人のことに口出しするよりも、あなた自身の人生や生活をもっと大事にする
○寂しいときほど、人のことに口出ししたくなる。余計なお節介は、寂しさの裏返し

声を受け取るために

# 気力と活力を高める 朝の修身

朝は一日の始まり。身体とたましいをスッキリ目覚めさせ、活性化させましょう。体調や気持ちに合わせて、ふりたまか鎮魂法のどちらか一方、または両方を行ってみましょう。両方行うときは、ふりたまを先にすると効果的です。

## ふりたま

1

正座か安座をします。肩の力を抜き、おにぎりを握るように、両手を上下に合わせます。このとき、両手の中に、自分のたましいがあるようなイメージを持ちましょう。

2

おへその前で、合わせた両手を玉を振るように、上下に動かします。雑念やネガティブな思いが、浄化して消えていくイメージを持てたら終了です。

ポイント　両手を上下に振るときは頭の中を空っぽに。リラックスして行うことが大切なので、肩に力が入らないように気をつけて。呼吸は自然に続けましょう。

# 鎮魂法

1

両足の裏を合わせて座ります。両手はおへその前でバレーボールのレシーブの形に組み、背筋を伸ばしましょう。

2

鼻から大きく息を吸います。口から吐きながら、組んだ両手をぐるっと右まわりに、10回、回します。体の前に、大きな円を水平に描くようなイメージで、上半身も使って回しましょう。1回回すごとに、両手でおへそに触れます。10回数えるときは、「ひ、ふ、み、よ、い、む、な、や、こ、と」と、昔の数え方を声に出し、10回をひと息で行いましょう。

3

再び、鼻から大きく息を吸います。口から吐きながら、組んだ両手を前へ伸ばし、伸ばしきったら、元の位置に引き寄せておへそに触れます。前屈するように上半身も大きく動かしましょう。これも、ひと息の間に10回行い、②と同じように昔の数え方を声に出しながら行います。

4

再び鼻から大きく息を吸います。口から吐きながら、組んだ両手を上げ、額に触れたら下げ、おへそに触れます。これも、ひと息の間に10回、②と同じように昔の数え方を声に出しながら行います。

5

②〜④までを1セットとして、3セット繰り返しましょう。

**ポイント** 10回同じ動作を繰り返すときは、ひと息で行うのがベストです。最初に深く息を吸い、腹筋をしっかり使ってコントロールしましょう。

心の声

# 楽しそうな人はむかつく

天の声

人はみな、現世の旅にて懸命に生きています。人はみな誰もが唯一無二の存在だけに、孤独であり寂しいのです。

悲喜こもごもの経験と感動の連続の中で毎日を生きているのです。


人の状況はそれぞれです。あなたが幸せを感じているときには、他者の悲しみに寄り添う余裕がありますが、自分自身が辛《つら》いときや孤独に感じるときには、他者の喜びや楽しさを不快に思うこともあります。

また、そんな自分が嫌になることもあるでしょう。

幸せな人は意地悪をしないのです。

ですから、あなたがいつも幸せを感じていなければならないのです。そのために、あなたは幸せの数を数え、幸せであることを実感しましょう。

あなたがどんな状況でも、実は幸せなのです。現世を生きる権利を持ち、あなた自身の手で運命を変える権利も持っているからです。そして、どんなに孤独なときでも、あなたを愛する人、守護霊までもがあなたを見守っています。

そして、幸せな人が近くにいるということは、「波長の法則」で、あなたも幸せを創れるという予兆でもあるのです。それをネガティブな感情で逃さないようにしましょう。周りの幸せは、あなた自身が幸せになる予兆と、喜ぶのです。

## 手ほどき

○自分が幸せを感じていたら、他人の幸せには嫉妬しない。むかつくのは、自分が幸せではないから

○今のあなたの中にも「幸せ」がすでにあることに気づくべき

○周りに幸せな人がいるときほど、妬まないこと。周りの幸せは、あなたも同じ波長で幸せを引き寄せられる予兆

心の声

# 生きる目的がわからない

天の声

あなたの心は、何を目指して生きていますか?

行き先のわからない乗り物にあなたは乗りますか? もし乗ったならば、行き先がわからないのですから、無駄な時間を要してしまうのは当然のことです。

あなたの日常に起きることは、すべてあなたの心の映し出しです。

たったひとつのクセにも、たましいからのメッセージが宿っているのです。ですから、どんな問題も、「困ったことだ」と単純に捉《とら》えないことです。

そのメッセージに気づきさえすれば、ここまでに浪費したすべての無駄も、未来の輝きとなるでしょう。そうなれば、ありがたいことです。逆に、いつまでも「困ったこと」として見過ごしてしまえば、それは大きな無駄といえるでしょう。

充実した日常が送れないということは、目的がないことと同義です。たとえ日常に困難なことがあっても、人生の目的があれば、その目的のために、または夢に向かって乗り越えられるものです。人生の行き先を見失えば、ネガティブな感情に溺れてしまうことでしょう。

「今こそ、あなたの人生の目的を持ちなさい」というメッセージなのです。

## 手ほどき

○漠然と生きてきた今までの時間がもったいない。いつまでも目的を持たずにいると、「人生の迷子」になりかねない

○あなたの心は何を目指しているのか。今まさにそれを見つめ直すタイミングにあるということ

心の声

# 顔に出る

天の声

本音がすべて顔に出る。ポーカーフェイスができないという人は、ある意味で想像力が豊かなのです。人と相対する集中力もあります。

だからこそ、その場の意識を超えて、相手の意図する世界に入り込んでしまうのです。

また、何事にも驚きやすく、怖がりだったりする人も、想像力過多といえます。

そのような人に最適な魔法の言葉があります。

それは、日頃より「何があっても大丈夫」と自分に言い聞かせることです。

そして、ふりたまや卵オーラ法をしましょう。

すると次第に、何を聞いても動じない不動心ができあがることでしょう。

また、本音をのぞかれたくない相手や事柄に対しても、いつも笑顔でいられる不動心が得られます。

さあ、魔法の言葉を唱えましょう。

手ほどき

○本音を隠せないのは、想像力が豊かだから。リアルに相手の感情や状況を察知してしまう

○先走って考えすぎたり、取り越し苦労をするのは無駄。何事にも動じない「不動心」を持つこと

○ふりたま（72ページ参照）や卵オーラ法（139ページ参照）を実践する

心の声

# だまされた

天の声

「だまされた」「裏切られた」「嘘をつかれた」という思いになったとき、相手を恨む前に、まず自分が反省しなければなりません。

なぜならば、そんなことも見透かせなかったあなたに依存心があったからです。ですから、実は恥ずかしいことなのです。

人との付き合いは「腹六分」が基本なのです。
それは、孤立でもなければ孤独でもありません。
人は誰もが孤高に生きることが大切なのです。

あなたの人生はあなたしか守れません。「だまされた」と嘆く人の多くは、依存心が強く、誰かに頼って生きることを心の根底で望んでいるのです。

裏切られたとしても、相手を恨むのではなく、自分が反省するべきなのです。でなければ、成長がありません。

すべては「不幸なこと」ではなく、メッセージ。これからのあなたの成長のために告げられたのです。

## 手ほどき

○他人に依存したり、期待していたから、落胆が大きいだけ

○そもそも「依存」せずに、自分を律すること（＝自律）ができていたら、だまされない

心の声

# 人に合わせられない

天の声

「息が合う」とは、人間関係の良好な表現として用いられますが、実に的を射ています。他者に寄り添ううえで大切なことは、人はみなテンポが異なるということを知ることです。人に寄り添うときには、その人のテンポに合わせることが重要なのです。そのテンポとリズムの足並みが不揃いとなると、とたんにストレスやイライラへとつながります。そのことを熟知し、相手に合わせた表現を用いれば、誤解されるなどの失敗もなくなります。人に合わせられず、自己嫌悪に陥ることもなくなるのです。

そして、それができるほどのあなたの心の余裕も必要となります。

無理をする必要はありません。あなたが疲れているときには、「疲れているので、ごめんなさい」とたった一言、心遣いの表現をすれば、あなたに余裕が生まれるのです。

## 手ほどき

○相手のリズム、テンポをよく観察して、呼吸を合わせてみる。気の合う人とは呼吸が合う

○どうしても合わせられず、浮いてしまうときは、疲れている証拠。まずは自分自身をリラックスさせること

○それでもダメなら、無理に人に合わせたり、迎合しないという選択もある

心の声

# 世話をするのに疲れた

天の声

相手に対する愛がなければ、疲れてしまいます。

どこかで自分の評価や時間など、物理的なことを気にしているのではありませんか。疲れたと思うのは、自分にとって都合の良いこと（＝小我《しょうが》）を愛してやまないからです。

最近では、「叱らない育て方」が大切といわれます。

しかし、本当にそうでしょうか。

「叱る」の真意は、愛がなければできないことです。誰でも注意を受けることや叱られることは嫌なことですし、叱るほうも悪者になりたくはありません。

けれども、「叱るべき未熟な事柄」があれば、相手の成長を思って叱ることこそが、愛なのです。

「叱る」と「当たる」は違います。叱ることは、愛も根気も理性も必要です。一方、当たるのは感情で、自分本位の小我な行為なのです。この違いをよく理解しましょう。

そして忘れてはいけないことは、自分も辿《たど》ってきた道であるということ。あなた自身も、他者からの愛で育てられてきたのです。

## 手ほどき

○八方美人をやめる。誰からも好かれようとするのは自己中心的な考え方（小我）
○相手の成長を願えばこそ、厳しくなれる
○疲れるのは、感情主体だから。淡々と理性的に接していれば疲れはしない

心の声

# 考え方を否定される

天の声

あなたにご縁のあった人々から、あなたの常識や考え方を否定され、あなたが自分自身の常識や考え方に自信を失ったとき、そのすべてはあなたを映す鏡なのです。
どうしても人は、疑ったり、失望したり、信頼を失ったりと、相手に対する疑念を抱きがちです。そのネガティブな思いで自身のたましいを汚してしまったら、残念なことです。

すべては自分自身の信念のなさ、思考の浅さ、人間力の弱さを顕《あらわ》しているのです。

理性的に見て正しいことなら、誰に迎合することもなく、貫けばよいのです。正しく理解できる人には、必ず理解してもらえます。ですから、みずからの弱さを他者のせいにすることのほうが問題です。悪しき人に限って信念が強く、我を貫く人が多いのも事実ですが、それも映し出しであり、反面教師として見習いなさいという導きなのです。

### 手ほどき

○周りに否定されても、自分で「正しい」と思えることなら、人に合わせる必要はない
○多数決で善し悪しは決まらない。「少数派」でも、それを貫く勇気を持つ
○否定されて不安になるのは、自分の中でブレている証拠。信念があれば、揺るがない

心の声

# しつこい誘いがウザい

天の声

人は思うよりも素直です。

ときにあなたの思いやりの行為が誤解を生むこともあります。

相手は、あなたがその誘いを嫌だと思っていることを理解していないかもしれません。

また、そう誤解をさせているのがあなただとしたら、相手を悪く言うことは罪作りなことです。あなたはそのことに気づいていないのかもしれません。

もはやその誘いがそれほどまでに嫌なら、「いい人と思われたい」というような打算は潔く捨てましょう。「忙しいので行けない」などとはっきり伝え、相手が過剰に依存してくることを止めましょう。

相手ではなく、まずはあなた自身を理解し、表現を変えることなのです。

## 手ほどき

○中途半端な態度をとって、あなたが相手を誤解させているのでは?
○断る勇気も必要。断れないのは、あなたが「いい人」でいたいと思っているから
○相手は「良かれ」と思って誘っているのかもしれない。嫌だと思うならば、きちんと告げることも大事

心の声

# 若く見られたい

天の声

自然界を観察してみましょう。

草木も、芽が出て花が咲き、枯れていくのです。枯れるといっても、紅葉のときのように美しく老いる道もあるのです。

特に日本文化に親しんでいるのであれば「わび・さび」という言葉をご存じでしょう。生きとし生けるすべてのいのちの、すべてのときに美を知る道です。

それと同様に、そのときどきを美しく生きる道はあるのです。

年老いることが怖いあなたは、人生には計画が必要ということを知っているのです。その準備を前にして重い腰が上がらず、怖じ気づいているだけです。

そこにもメッセージは宿っているのです。

「不安は、怠惰です」ということです。しかし、その不安は、希望に変えられます。あなたが重い腰を上げさえすれば。

夏休みの宿題をサボっていて、夏休みの終わりに近づくにつれ不安になることと同じなのです。


人は、かわいいものです。

せっかく長期的な視点を抱ける能力のあるあなたなのです。

さあ、不安を希望に変えるべく、人生設計を立てましょう。

## 手ほどき

○「美しく枯れる」という道があることを知る
○将来のことをいたずらに不安に思うよりも、「今」というときを大事にして、精一杯自分を輝かせる
○「今」の充実。その積み重ねによって、美しく年を重ねられる

心の声

# 空気が読めない

天の声

現世では、あなたの正直さが通用しないことも多々あるのです。人が会話をするときには、何かしらの意図を持ってすることが多いものです。それを敏感に察する人は「交流上手」ではありますが、必ずしも、相手の意図することを全面的に理解しているわけではないでしょう。

「話し上手は聞き上手」「人との付き合いは腹六分」ともいいます。現世では、いくら正直でも、その素直な考えが通るとも限りません。かといって、「素直な私のことをわかってほしい」と押しつけるのは、他者への依存になることもあるのです。

人は誰でも、場違いな存在となることはあります。空気を読めていない自分に気づいているか、いないか。ただ、その違いだけなのかもしれません。

あなたにも、心の通う人はいるはずです。たとえ、あなたの正直さが通用しなくても、その場で「違う」と誤解されていることを吐露せず、堪《こら》えて考えを持ち帰り、心の通う相手に聞いていただきましょう。すると、驚くほどに人との距離感が読めてくるでしょう。

## 手ほどき

○人間関係は、何もかもさらけ出さず、本音を六割見せるくらい（＝〝腹六分〟）でちょうどいい
○空気が読めないときは、「聞き役」に徹してみる
○それでも空気を読めず、その場で浮いてしまうなら、まずは気の合う人に話を聞いてもらう

心の声

# 出会いがない

天の声

人の念は、向けてこそ結ばれるものです。
あなたに真に出会いを求める念があれば、あなたのオーラは広く輝き、その輝きに人は惹かれ、導かれることでしょう。

問題なのは、その念の根源となるあなたの気持ちです。
それはあなた自身のたましいの本音。

自分自身でも気づかぬ間に、自分本位な思考になっていないでしょうか。「相手はお金持ちでなければ」とか、「こうでなければならない」といった打算が宿っていたり、「また嫌われる」とか「どうせ別れが来る」など否定的な気持ちになっていないでしょうか。

「実はひとりがよい」など、こうした負の意識あれば、その念も混ざり合い、オーラはくすんでしまいます。それどころか逆に「拒絶のオーラ」すら放ちます。

「出会いがない」と嘆くあなたには、あなたの本質と内面に気づきを求めるメッセージが訪れているのです。

人は、知らず知らず自分に都合の良い解釈をしがちです。狭い視点でこだわらず、よく世間を見渡して、広い視野を持ち、人の絆と営みを知りましょう。

あなたにふさわしい絆とは何か、人と結ばれる目的をしっかりと理解できれば、ようやく「輝くオーラ」を放てることでしょう。

## 手ほどき

○本当に出会いが欲しいなら、それだけ強い念が必要

○口では「出会いが欲しい」と言っている人も、その実、理想が高すぎたり、ひとりでいるのが気楽だったり、人を愛することに否定的になっていたり…と、裏腹な心を抱えている

○「出会いがない理由」を知っているのは、他ならぬあなた自身。自分の内面を見つめることが先決

心の声

# うわべだけの関係になる

天の声

表面的な会話がどのように弾んで見えても、心の根底でつながっていなければ、何の意味もありません。

「以心伝心」とはよく言ったものです。

人との関わりが最良か否か見極めるのは、楽しいときではありません。辛《つら》く苦しい冬の季節のような寂しさの中でも、温かい存在であるか否かなのです。そこがわからなければ、本当に人の心を理解できる段階にないのかもしれません。だからといって、落ち込む必要はありません。これからこれらの言葉を胸に抱き、本当の愛を育み養ってください。

すると、あなたに一番大切なものが見えてくるはずです。

人はたましいの存在。心が生きているのです。
あなたのたましい、心が、正しい答えを教えてくれるでしょう。
心が痛むまで愛し、愛されることです。

## 手ほどき

○相手の本心は、表面的な会話ではわからない
○いいときばかりではなく、苦しいときに、どう接してくれる人なのかを見ること。そうすれば、本当にうわべだけの関係かどうかがはっきりする

心の声

# 束縛してしまう

天の声

『北風と太陽』の童話が語っているように、力ずくで愛を得ることはできません。いくら束縛しても、愛を得ることはできないのです。

この世のすべての現象には、天からのメッセージが宿っています。

たとえば、恋人が昔の相手と連絡を取っていたとしても、それが恋心からではなく友人としての付き合いを続けているのであれば、「情に厚い人」であることを告げています。嫉妬心は抱くかもしれませんが、力ずくでやめさせても仕方ありません。

反対に、いつまでも過去と決別できずに打算の付き合いをしているのであれば、辛《つら》いことと思いますが、そのことを包み隠さず明確にし、距離を置く必要を告げるメッセージです。

相手のことがどんなに好きでも、あなたは絶対に安易な存在になってはいけません。また、別れたくないがために真実を曲げていても、必ずその歪みは大きく自分に還ってきます。

幸せの秘訣は、依存することなく「自律と自立」をし、真実の光に照らして生きることなのです。

それができる人であれば、その価値がわかる人との素晴らしい恋愛が成就します。

### 手ほどき

○付き合っている相手が昔の恋人と連絡を取っていると知っても、感情的にならない
○友情としての付き合いなのか、打算の関係なのかを見極める
○自分さえ我慢すれば、相手の心が手に入ると思うのは妄想。依存心は不幸の元

心の声

# 過去にすがってしまう

天の声

現世に生きる人は、「過去にすがる亡霊」になってはいけません。生きていることの素晴らしさは、未来を築けるということなのです。

この世を去った人々は、最終的には天国に帰ります。しかし、多くの人が、現世を精一杯生きてこなかったことを悔やみ、悩みます。それが成仏できていないということなのです。死者は、現世にて未来を創れません。ですから、過去にすがることを亡霊というのです。

生きているあなたは、未来を築けるのです。ですから、生きながら亡霊になるには早すぎます。そしてその時間がもったいないのです。生きている人のほとんどは、生きられる時間の貴《とうと》さを忘れています。だから無駄に過ごすのです。

生きることの醍醐味は、どのような失敗があっても、生きているうちに新たなる未来を築けることなのです。生きていても、心が亡霊のようになると、生気が失われます。オーラも汚れます。

すると、自分の大切な人生を不幸のほうへと向けてしまうのです。

過去にしがみつかず、未来に羽ばたきましょう。

## 手ほどき

○過去は「心のアルバム」にしまっておく
○未来をこれから新たに創れるということこそが、生きている醍醐味。過去にすがり、立ち止っている時間がもったいない
○時間の無駄だとわかれば、自分の人生を建設的に見直すことができる

心の声

# 「依存」がやめられない

天の声

人は、たましいが満たされないと、誤作動を起こします。
本当に欲しいものは、他にあるはずです。

依存症といわれるほとんどは、生きる意味が見いだせない、生きることに疲れ、生きることが怖いといった刹那より生じます。たましいがＳＯＳを発しているに過ぎないのです。しかし、その状況にいる人の多くは、そのことを深く分析せず、ますます現実逃避をしてしまいます。

現世というところは、それぞれが生きることに余裕がなく、他の人の心を気遣う余裕すらありません。そのため、臭いものに蓋をするかのように遠ざけられることもあるでしょう。

しかし、みなが懸命に生きていることは確かで、それを恨んでも始まりません。

待っていても何も変わりません。

あなたのたましいは、あなたのものなのです。あなたが脱したいと心底思い、助けを求めることで状況は変わります。


今こそ助けを求めるのです。

あなたの意志が真《まこと》であるならば、必ず手がさしのべられます。


そして、忘れないでください。

二度と不幸にならないために、人生の意味を求道しなければならないのです。

## 手ほどき

○依存症のほとんどが、たましいからの「SOS」

○「物」では、たましいは満たされない。本当に欲しいのは、愛情など別のことだと気づくことが大切

○あなたが心から「変わりたい」と思えば、行動を起こせるはず。覚悟を決めて行動を起こせば、やめられる

心の声

# 要領が悪い

天の声

現世は不公平です。
しかし、たましいの世界は公平です。
そう断言します。

現世は物質界。嘘をついてもだましても、また怠けても、貫ければまかり通る世界です。しかし、現世の中で生きている私たちは「たましいの存在」ですから、一方で「たましいの世界」でもあるのです。確かに、現世では不公平がまかり通ることがありますが、一方では「たましいの法則」も働くのです。仮にその場は切り抜けても、因果の法則が働きます。どんなに時間を経てでも、自分がしたことは還ってくるのです。ですから、相手も必ず同じ想いをし、成長するのです。

狡《ずる》く生きている人は、ある意味では成長熱心ともいえます。必ずのちにその狡さの間違いに気づくことになりますし、身に覚えのある狡さを反省できますから。逆に、中途半端に善い人気分で生きている人のほうが、反省にまでは至らず、往生際が悪いかもしれません。

## 手ほどき

○怠けている人や要領のいい人が得をしているように思えても、恨まない
○相手を悪く思うほうが損。あなたが相手を裁かなくても、カルマは必ず還る（＝因果《カルマ》の法則）
○あなたが手を抜かなければ、見ている人は必ず見てくれている

心の声

# 嘘つき

## 天の声

「嘘も方便」という言葉があります。その場合は、相手を思いやってつく「大我《たいが》の嘘」です。ただ、最近は、特に親子の場合において、大我の嘘が下手と感じることが多々あります。親が自分の中で真実を抱えていられず、実のところ子どもに頼っているのだといえます。

たとえば、お友達の誕生日に自分だけ招かれなかったなど、子どもが気に病んでいるときに、親が「もしかしたら自分のお付き合いが下手だからかも」と動揺を子どもに見せてしまうと、逆効果です。

そんな場合は、昔なら「嘘も方便」で、子どもを傷つけないように「お母さんが『お出かけするから』と勝手にお断りしてしまった。ごめんなさい」などと言って、上手に育んだものです。

最近の人は「嘘はいけない」と、すぐ短絡的に考えてしまいますが、その無機質さは困りものです。

もちろん、言葉には「ことたま」というエナジーが宿っています。ですから、言葉を軽んじてもいけません。

自分自身の都合のためにつく小我な嘘は、いつか必ず表面化して、自分に還ってきます。すると、信用を失ってしまうのです。一度失った信頼を取り戻すのは大変です。

つねに大我を心がけることが、幸せの道なのです。

## 手ほどき

○その嘘は、他者を傷つける嘘か。それとも相手を思いやるからこその「方便」なのかを見極めることが大事

○自己中心的な動機でついた嘘はすぐにバレる

○カルマ（因果）は必ず自分に還ってくる

心の声

# 臭いが気になる

天の声

実際にフィジカルな問題があるなら、医療などにより対処の方法はありますが、なかには周囲は何も気にしないでいるのに、自分だけが臭うと思い込んでいたり、「本当は気づいているのでは」と疑心暗鬼になっていることもあります。その場合は、他者がどれほど「そんなことはない」と伝えても、納得がいかないのです。

そうなると、実は臭《にお》いが問題なのではありません。気に入らないのは自分自身だけなのですから、自分自身の心の問題なのです。

匂いの好みも人それぞれです。ある人において嫌いな匂いが、別の人には好きなことも多々あります。

それなのに気にするのはなぜでしょう。

よくあることは「性」に対する負の意識です。

この場合、特に女性に多く、母親、姉妹、または女友達との関係で過去に不仲やトラブルがあり、それらがトラウマになっているというメッセージであることがあります。

同性同士の人間関係は、異性との関係よりも意外と難しい場合があるようです。同じ性だけに、気遣いが難しく、お互いに容赦ないのかもしれません。

過去にトラウマがあるか否か、よく内観しましょう。ひとりのたましいとしての自分自身を取り戻しなさいというメッセージでもあるのです。

## 手ほどき

○現実的な問題なら、医療の力を借りるなど、現実的な対処をする
○思い込みということも多い。実は心の問題（性に関するトラウマなど）が隠れていることも
○現実的なことなのか、思い込みなのか。どちらなのかを客観的に分析し、内観する

心の声

# 注意力が散漫

天の声

不注意が目立つとき、それはあなたの許容量を超える今であるということなのです。

不注意とは、精神（理性）と感情のオーラが不調和となっている状態のこと。高い精神性を抱いていても、実際のたましいの度量に限界をきたせば、悲鳴を上げてしまうのです。

「気持ちはあるのにうまくいかない」「わかっているのに、できない」などと、自分自身を不甲斐なく思うでしょう。そんな〝負のスパイラル〟に陥ると、自分のことだけに感情移入してしまう「小我《しょうが》」が顕《あらわ》れ、焦りと言い訳がどんどん増え、やがては自己不信と社会不信にまで達してしまうこともあるのです。

そうなる前に、まずは自分自身の力量を正当に自己分析して、内観しましょう。決して物質的価値観や成果主義に陥らず、自分自身の器に合った、社会貢献や人生の開花に励みましょう。

もちろん向上心は大切ですが、一段上を目指すくらいが一番よいのです。これらは、あなたに合った幸せを告げるメッセージだったのです。

## 手ほどき

○たましいのキャパシティーを超えてしまうと、不注意になりやすい
○自分の器に合ったことを探せば、集中力を持って挑める
○誰にでも輝ける道はある

心の声

# 元恋人の幸せを祝福できない

天の声

たとえどのように時が過ぎ、思い出が薄れても、愛し合った事実は消えません。また、本当に愛した相手であればこそ、どのような悲しい別れがあったとしても、そこに宿った美しい思い出を忘れることはないでしょう。

しかし、もしあなたが本当に相手を愛していたならば、むしろ「私のことは早く忘れて、幸せになってください」と切に願うことでしょう。その心が芽生えないとしたら、それは相手を愛していたのではなく、あなた自身を愛していたことになってしまいます。

今のあなたの想いは、「人を愛することの意味を知りなさい」というメッセージでもあるのです。そのメッセージを正しく受け止められれば、今後、あなたはこれまでに味わったことのない真実の愛に出会い、無償の愛を実感することができるでしょう。

真実の愛は、見返りを求めるものではありません。

愛は、共鳴していくもの。無償の愛が無償の愛に共鳴し、愛を進化させ、共に成長を遂げるものなのです。

### 手ほどき

- ○本当に愛していれば、相手の幸せを望むもの。それができないのは、相手のことより自分のことが好きだから
- ○真実の愛は見返りを求めない
- ○相手の幸せを祝福する気持ちが、あなた自身にも幸せを招く

心の声

# 被害妄想を抱く

天の声

あなたは、運命論者になっていませんか？

人の運命は決まっている、と。そして、運命に翻弄される存在だと思っていませんか？

過去に「自分は損をしてきた」というトラウマもあるのかもしれません。

しかし、この現世の素晴らしさは、責任主体であるということです。これは自分の努力でいかようにでもできるということ。ならば、被害妄想的な運命論者になる必要もありません。

これまで、人の悪意や利己的な押しつけで損をしてきたと思っていたとしても、責任主体なのですから、自分自身にも問題があったということでもあるのです。ですから、誰かに責任転嫁し続けることは、あなたが自分の人生の「主人公」として生きられていないという、情けない状態なのです。

被害妄想になるということが告げているメッセージは、「その裏であなたはいつも誰かに依存していませんか？」ということ。

そうです。責任主体です。

誰にも依存せず、すべて自分で自分をしっかりと管理できていれば、あなたの人生は、脅かされることはないのです。

**手ほどき**

○安易に他人に責任転嫁しているから、被害妄想から抜け出せない

○運命は自分で「創る」もの。最初からこうなると決まっていたら、努力して人生を切り拓く意味がない

○自分ばかりが損をしていると思うことがあっても、それも自己責任。必ず、過去に蒔いた種があったということ

心の声

# 人付き合いが面倒

天の声

電波状況が悪いとき、携帯電話の電池が早く減るのと同様に、あなたのエナジーが弱くなると、人と関わるエナジーが不足するものです。

現世というところは、誰もが自己中心的な想い（小我《しょうが》）を浮き出させてしまうところ。小我と小我の摩擦《まさつ》によって、人間不信となることもあります。だからこそ、静と動の棲み分けが必要です。それを曖昧にしてしまうと疲弊の元になります。関わりすぎたり、また逆に拒みすぎたりすれば、心に翳《かげ》りが出てしまうのです。

人との関わりが苦手でも、仕事など社会生活を送るには、どうしても避けるわけにはいきません。

だからこそ、日頃からひとりの時間を大切にすることが必要です。

そして、心の通じる人とだけ過ごす時間も同様に必要なのです。そこで養ったエナジーが、人と関わる勇気を与えてくれるのです。

### 手ほどき

○ひとりになる時間を大切にする
○腹六分くらいの付き合い、ほどほどの距離感を確保する
○オンとオフを切り替え、オフは気心の知れた人と会ってエナジーを充電

心の声

# トラウマの言葉

天の声

人は出会いと同様に、言葉も引き寄せています。

そこにもあなたに向けられたメッセージが宿っているのです。


もし、あなたが他者からネガティブなことを言われたとしても、まず理解しなければならないのは、あなたがそうした言葉を引き寄せたということです。

あなたが相手に意見を請《こ》うたのならば、あなたのそういう安易な人との関わり方も反省しなければなりません。


何事も責任主体。

自分が求めたのであれば、どんな言葉も覚悟しなければなりません。そして、あなたがその言葉を引き寄せたということは、あなたには、それを跳ね返すだけの力がないというメッセージでもあるのです。

気迫という言葉がありますが、責任主体で自律できていれば、エナジーに満ち、どんなことも跳ね返すことができるのです。


そうです。

あなたに足りないのは、責任主体の信念なのです。

だからこそ、安易にネガティブな言葉を引き寄せ、それに怯《おび》えるのです。


けれども、無駄はありません。

どんなマイナスなことでも、プラスはあるのです。

この経験によって、どんなことも跳ね返すだけの「自律と自立」の信念が備われば、この先も、より進歩した人生を送れるようになるのですから。

## 手ほどき

○その言葉を引き寄せたのもあなたの波長。同じ波長でなかったら、耳に入らない

○ネガティブな言葉がまるで「呪文」のように、あなたを束縛していたとしても、恐れないこと。
それを跳ね返すのは、あなた自身

○どんなことも跳ね返すくらいのエナジー、強い念が必要なときというメッセージ

心の声

# 媚びる、へつらう

天の声

あなたは寂しがりやなのですね。

人に媚《こ》びてしまうあなたは、その場で何か得をしようとする打算があるのではなく、ただ相手の笑顔が見たいだけだったり、和合を好んだりしているのでしょう。

もちろん、それは悪いことではありません。しかし、「本当の自分」を表せないのだとしたら、それは問題です。


こういうことで悩むあなたは、人の心を敏感に読み取る能力を備えているともいえるでしょう。相手の望むことが理解できてしまうから、相手に合わせすぎてしまうのかもしれません。

しかし、本当の自分を消してまで相手に合わせすぎてしまう場合は、しっかりとあなたのオーラを守ることが大事。そのためには、ふりたまや卵オーラ法などを実践することが必要です。

そして、ひとりになる静寂の時間も大切にしましょう。

孤高を大切にする「責任主体」と「信念」も忘れてはいけません。

必要以上に人の心に寄り添っても、それが相手のためになるとも限りません。かえって相手を振り回す罪なことをしていることもあるのです。

これらの悩みを抱いたとき、それは「正直に生きること」を告げられているということ。うわべだけの和合は、真の癒しにはならないのです。

## 手ほどき

○空気を読みすぎて、相手に合わせることが習慣づいている場合もある

○「本当の自分」を見せられない状態にまでなっているのなら、要注意。自分のオーラを強化し、わが身を守ることも大事

○ふりたま（72ページ参照）や卵オーラ法（139ページ参照）を実践する

心の声

# 真面目な場面で笑ってしまう

天の声

不適切なときでも笑ってしまうということは、「防御である」というメッセージ。

あなたは、つねに責められているという思いぐせがあるのではないでしょうか？

または、過剰に求められていると感じるか、求められていることに対して成果を出さなければならないと感じているのではないでしょうか？


あるいは、過去の人間関係の中で、真剣に受け止めたがために傷ついたり、人格を否定されるような出来事があったのかもしれません。

それが怖く、「真剣に受け止めたら辛《つら》い思いが待っている」と、防御しているのかもしれません。

しかし、自己防衛のために不適切な笑顔を作り、不快に思われるなら、逆効果です。
こうした状況に陥るとき、「失敗を恐れてはいけない」というメッセージが宿っています。

失敗は成功の元。

「不真面目だ」と言われたとしても、あなたの人格が否定されているのではないと、強く自分に言い聞かせてください。
それが理解できれば改善されます。

## 手ほどき

○思いぐせ（過去のトラウマや習慣によってついた考え方の癖）によるものの可能性がある
○ふざけることで、わが身を守っているのではないか？　と分析する
○失敗してもいい。過剰な自己防衛は、かえって人間関係をこじらせかねない

心の声

# 誰も手を貸してくれない

天の声

あなたは助けを求めていますか？

待っていても、誰も助けてはくれません。

あなたが辛《つら》いとき、人から「解決の視点」という助言は得られますが、真に自分を助けられるのは自分でしかありません。


あなたの人生は、あなたのオリジナルなのです。

あなたの人生の旅を大切に扱ってください。


人は都合のいいもので、幸せなときには、その幸せにとやかく言われることをよしとせず、干渉してほしくないものです。

一方、辛いことがあるとみなとたんに大騒ぎしますが、誰だって、辛いのです。でも、辛いことがあるからこそ、己を知り成長することができますし、幸せにも気づけるのです。

また、大切なことを忘れてはいけません。

あなたは気づいていないかもしれませんが、多くの人の助けがあったからこそ、ここまで生きてこられたのです。

いつも助けられていたのです。

こんなとき、もうひとつ大切なメッセージが宿っています。

「あなたも誰かを助けてきましたか?」

## 手ほどき

○人の援助を待つよりも、自分のことを自分で助けられる存在になることが大事

○自力で乗り越えてこそ、たましいが鍛えられる

○意識していないだけで、今までも周りの人に支えられていたはず。そのことに感謝する

心の声

# 才能がない

天の声

才能とは、アピールするものではありません。

発揮するものであり、また、発揮された才能は誰もが放っていられず、必ず引き立てられるものなのです。

「自分には才能がない」と思い込んでいる人もいるようですが、〝才能のない人〟などいません。

人はみな個性を持つ存在で、誰にも才能があるのですが、それを発見できるような環境に身を置かないことに問題があります。

人生は「経験と感動」の旅です。

行動することによってはじめて、喜怒哀楽の感動ができるのです。ですから、「たくさんの経験と感動をしよう」と前向きに進まなければならないのですが、人というのは臆病なもので、よき経験と感動しか望みません。

それでは才能に気づく機会が失われていくだけなのです。

才能に気づかない人は、多くの旅をしてください。

そして、自身で「こうでなければ嫌」という執着を捨ててください。

たくさんの好機に身を委ね、真摯に向き合えば、あなたの才能も、やがて発揮のときを迎えることでしょう。

### 手ほどき

○誰にも才能はある

○人生の中で喜怒哀楽を味わい、苦難を乗り越える。そういう経験を積んでこそ、自分の中にある才能に気づける

○才能を眠らせたままにするか、発揮できるかは、結局あなた次第

心の声

# 別れたい

天の声

別れたければ、別れればよいのです。

自律した姿勢のもと、距離を置くことは決して悪いことではありません。

問題なのは、躊躇《ちゅうちょ》する心です。

「今別れても……」とか「揉め事になるのは……」といった心配や負の意識で、別れたくても別れを躊躇《ためら》う人がいます。多くの場合、別れ話には「憎い」「嫌い」などの感情がつきまといますが、実は別れるには、そうした「感情」ではなく、「理性」が必要なのです。

感情は、誰でも抱きます。しかし、その感情を自分自身で十分理解できたなら、理性で「明日を生きるエナジー」に変えましょう。逆に、いつまでも不平不満に浸っていたら、どんどんオーラが汚れ、あなたの愛する大切な人まで去ってしまいます。

感情を受け止めて理解したら、後は理性で行動するのです。

実務的に、タイミングを定めて準備しましょう。特に「離婚」などは無計画ではいけません。また、ストーカー被害の対策なども、法的手順をしっかりと踏んで、計画を立て対処することです。

最もいけないのは、この期に及んで不安になること。不安になってしまうのは、これまであなた自身がいかに自律と自立をしていなかったか、依存心ばかりだったかの証明になってしまいます。

別れ話は、ついつい相手ばかりを見てしまいがちですが、実は「自分自身」の問題。あなたの生きる姿勢が試されている「天の指摘」であることに気づいてください。

## 手ほどき

○別れたければ、別れればいい。感情的に相手を憎んだり恨んだりするのは、相手への依存がまだあるから

○別れるときは、理性が必要。実務的なことは淡々と、感情を交えずに行う手筈《てはず》を整えておくこと。自分で自分を律すること（自律）が大事

○不安な心を手放し、自立した人生を歩めるか？　あなたの生きる姿勢が試されている

声を受け取るために

# 自分の身は自分でガード 昼の修身

昼は人との関わりが多くなる時間帯。ネガティブな思いを払いのけ、自分を守りましょう。腹がたったときや、イライラした、悲しくなったなど、感情的な気持ちを変えたいときは簡単お祓い法を、オーラを強くしたいときは卵オーラ法を行うといいでしょう。

## 簡単お祓い法

1
両足を肩幅ぐらいに広げて立ちます。

2
息を一瞬止めたら、丹田（おへその下、指3本分ぐらい）に両手をあて、息を思い切り口から吐きます。

ポイント　深呼吸ではなく、手をあてたらすぐに息を吐きます。肺活量検査のように、勢いよく吐きましょう。

# 卵オーラ法

1

両足を肩幅ぐらいに広げて立つか、椅子にゆったり座ります。

2

鼻から大きく息を吸い、口から細く長く、吐き出します。これを3回繰り返します。このとき、自分の周りに、卵の殻のようなオーラが張り巡らされるイメージを持ちましょう。1回目は体の前後、2回目は左右、3回目は全体といった感じです。

3

3回目が終わったところで、丹田に両手をあてて、しっかり鍵をかけるイメージを持ちましょう。

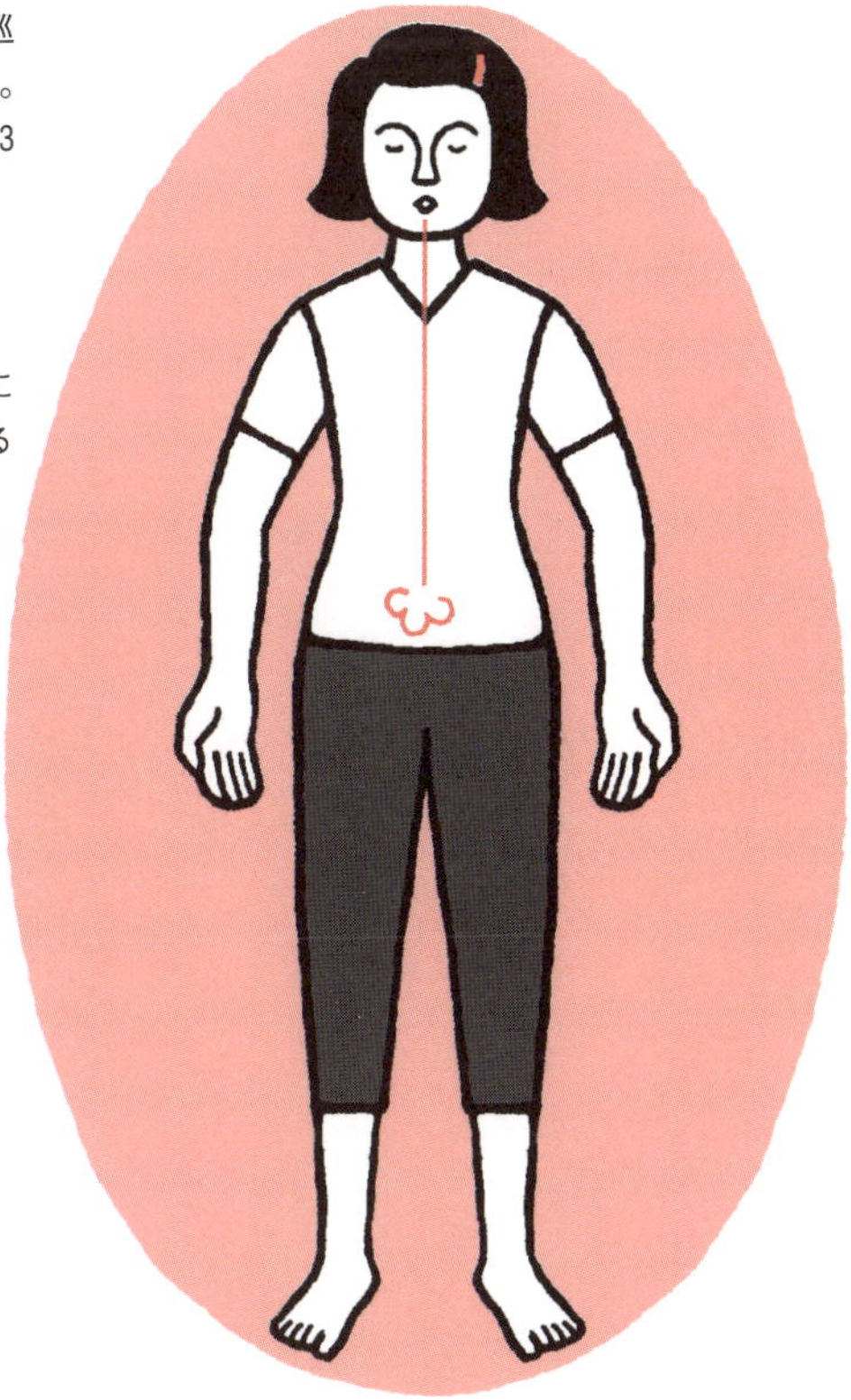

**ポイント** オーラが張り巡らされるイメージを持つときは、丈夫で強い殻が自分を守ってくれる様子を思い描くことが大切です。

心の声

# もうやめたい

天の声

人生に決して無駄はありません。

たとえ無駄に思えることがあっても、それは、あなたが偏狭な考え方をして、そう決めつけてしまっているのかもしれません。


それが無駄ではなかったということは、そのほとんどが後になってわかるものです。

それは1年先かもしれません。10年先かもしれません。

または、明日気づくこともあるでしょう。

たとえどんなに嫌なことでも、ある一点だけを見て「やめたい」などと考えるのはいかがなものでしょう。

人間力は多様です。

何に向き合うにしろ、能力、忍耐力、想像力などなど、あなたの人間力のどこかを輝かせていることがほとんどなのです。

偶然はなく、必然。

出会った物事の中には、天からの導きがきっとあるはずなのです。

### 手ほどき

○人生に無駄はない

○たとえ嫌なことでも吸収できることはある

○それでも「もう十分だ」と思ったら、手放せばいい

○手放すにしても、なぜ嫌なのかはきちんと分析する

心の声

# 面白みがない人

天の声

人は誰でもたくさんの魅力を持っています。

あなたも同様です。

そう思えないならば、それはあなたが自身の魅力に気づいていない、もしくは生かしていないだけなのです。

人付き合いの中で、たとえその場に合った能力を持ち合わせていなくても、または愚鈍に思えても、人の才能の力は、生かせばこそ無限です。その愚鈍さを逆に生かして、道化を演じていればよいのです。


必要なのは、サービスという愛の奉仕です。

人を楽しませたければ、できるはずです。その心がなければできません。それは自分の本意でないかもしれません。しかし、そこに愛の奉仕の精神があればできます。それが苦しいようであれば、その人は、あなたの人生を費やしてまで付き合いたくない相手なのです。

人は、自分自身の人生に最大の責任があります。無駄な時間だと思うなら、嘘の奉仕を考えずに生きましょう。その代わり、もう人付き合いの不満もいけません。

### 手ほどき

○面白みがないのもひとつの個性と受け入れる
○思い切って、道化のように「盛り上げ役」を演じる
○どうしても妥協できないことには、無理に付き合う必要はない

心の声

# 目上の人についていけない

天の声

飲んでも飲まれてはいけません。

これも人間関係の極意なのです。

この世には、自分自身にはまったく理解ができないと思うほどに、自分の常識とはかけ離れた人がいるものです。

通常、人の世では、そういう人を見かけると、「嫌い」とか「付き合えない」「ついていけない」という言葉で片づけてしまいがちです。

それで済むならともかく、その縁を放念することもできない場合は、いつまでも頭痛の種や悩みの元として蔓延《はびこ》ってしまいがちです。そうなると、愚痴や不平不満を抱く自分自身のたましいまでも汚してしまいます。それはあなたにとって大きな不幸です。

幸せの秘術があります。

それは、相手の思考を理解することです。相手の心情を想像すれば、相手の言動の意味もわかります。そして、相手の思考の元（根源）を理解してこそ、相手を変えることができます。

そのためには、まずはあなたが変わらなければなりません。

## 手ほどき

○人間関係はすべて鏡。嫌な人、ついていけないと思うような相手からも、学ぶことはある
○相手の性格や個性を徹底的に分析したうえで、「何を考えているのか」、その心情を想像する
○相手を変えようとするのではなく、まずは自分の考え方や受け取り方を変えてみる

心の声

# 人を疲れさせてしまう

天の声

人との関わりは、自分自身を映す鏡なのです。

人から言われた印象には、あなたに向けられた天からのメッセージが宿っています。ときにそれは他愛もない人の言葉から得られることも多々あり、だからこそ、人との関わりが良きにつけ悪しきにつけ大切なのです。

人との関わりは相手に寄り添う学び。その寄り添いができていないと「疲れさせる」かもしれません。それは、相手がいながら「自分自身」とだけ向き合っているからかもしれません。ひとりよがりな発言が多かったり、頑固だったり、自問自答が多かったりと、相手への気遣いを忘れてしまったり、依存心が強かったりしていませんか。

話し上手は聞き上手。寄り添い上手は、思いやり上手。

しかしながら、それを押しつけるのも「自分がよく思われたい」という依存心です。さりげなく、相手に気を遣わせないでいられるようなそんなあなたに成長してほしいという天からのメッセージなのです。

### 手ほどき

○頑固で自己中心的になっていると、視野が狭まり、周りを疲れさせる
○相手の立場で物事を考えたり、心を寄り添わせることを学ぶ大きなチャンス

心の声

# 表情が硬い

天の声

笑顔を向けていても、目が笑っていないとか、心から笑っていないと言われることがあります。

その理由は、あなたのエナジー、エクトプラズムがあなたの物理的な顔の上を覆ってしまうからなのです。生体エネルギーであるエクトプラズムは目には見えないのですが、どういうわけか雰囲気をつくります。

あなたの人生において何らかのネガティブな想いがあると、そのネガティブなエナジーが顔に顕《あらわ》れてしまうのです。

反対に、あなたには何も思い当たることがなくても、相手にネガティブな印象を与えることもあります。その場合は、相手の人生にあるネガティブな想いが顕れているのです。相手のネガティブなエナジー、エクトプラズムが映し出されてあなたの顔を覆うため、相手にはネガティブに映るということです。このように、原因があなたではないこともあるのです。

よく、親しい人の遺影の顔が「今日は笑っている」とか「今日は悲しそう」と見え方が日によって変わることがあると言いますが、実はそれも、自分自身のエナジーの映し出しによって、そのように違って見えているということなのです。

日頃、人に会うときには、あなた自身のエナジーが相手の顔を覆うこともあると心にとめて向き合いましょう。

人にいい印象を与えられないとか、いつも顔がこわばってしまうというあなたは、まずあなた自身のネガティブな思いぐせを理解し、それらを晴らさなければならないのです。

## 手ほどき

○あなたの心がそのまま表情に出る

○ネガティブな思いぐせが表情を曇らせる。自分の心を見つめ、ネガティブになってしまう原因を探る

心の声

# 理解力がない

天の声

あなたは自分を守ろうとしてはいませんか。

または自分がつねに正しい行動が取れるようにと焦りすぎてはいませんか。

自己保身や自己愛が強すぎると、あなたのオーラは狭くなり、そのアンテナは相手にまで広がりません。

すると、相手の気持ちを理解することができず、聞く耳さえも持てなくなります。正しく感性が発揮できなくなり、行動までもが誤作動を起こしてしまいます。まさに霊感が損なわれ、勘違いを起こすのです。

まずは、他者と相対するそのひととき、自己保身の心を捨て去りましょう。

そして、まさに全身全霊を相手に向けましょう。

その気持ちがあれば、次第にあなたのオーラは広がりを持ち、相手の心も考えも読み取れるようになるでしょう。その結果、相手もあなたのオーラを受け止めることとなり、あなたの気持ちを理解してくれます。

すると、すべてのエナジーの歯車が回り出すのです。

## 手ほどき

○自分のことをわかってほしいという自己愛を捨てる
○相手の話に耳を傾けて「聞き上手」になることから始める

心の声

# 笑い者

天の声

「幸せな人は意地悪しない」のです。

他者を笑い陰口を言う人は、いつも次には自分自身が同様の立場になることを恐れ、戦々恐々と生き、誰かを陥れることで時間稼ぎをしている愚か者です。

そのような人と同じ土俵に乗ってはいけません。そのような境遇の中でも、あなたは負けず、凛としていてください。

その心の姿勢は必ずや人の心に感動を与え、環境を変えるでしょう。いじけや妬みの心になると逆効果。同じ穴の狢《むじな》となって、状況を悪化させることでしょう。

また、それらの陰口は、あなたをより輝かせることにも利用できます。

感情は捨て、理性のみで、「何をバカにされているのか」を分析し、より自分を磨く教材としましょう。

どのみち、人生をずっと共にする相手でもありません。どうしても嫌ならば、あなたの手で運命を変えることだってできます。環境は変えられるのです。ネガティブな感情に時間を費やすことなく、自分をより一層輝かせましょう。

### 手ほどき

○あなたに意地悪を言ってくる人は、自分が幸せではないと吹聴しているのと同じ
○相手にしないのが一番
○相手の言葉の中に「一理ある」と思うところはないか、陰口を冷静に分析する
○心底嫌だと思うのなら、付き合わなければいい

心の声

# 失敗が許せない

天の声

子どもは思い通りにならないことがあると癇癪《かんしゃく》を起こします。それと同様です。「失敗が許せない」というとき、それだけ、あなたには強い熱意と想いがあるということでもあるのです。

子育てでもよくあることです。

「叱る」と「当たる」は違うのです。「叱る」は理性の愛で、「当たる」は自分の想いをぶつけるだけの感情なのです。ですから、当たることは自分の想いを押しつける小我《しょうが》の行為であり、いけないことなのです。

たとえ相手が間違っていることでも、相手には間違える権利もあるのです。

失敗が人を成長させる道です。

失敗をさせないように……と、目の前にある石を取り除いてあげるような過干渉な人もいますが、それは、実は小我なのです。一見面倒見がよいと思われがちですが、相手の成長を妨げる行為なのです。

本当の愛とは、相手の間違いをも受け止めてあげられるほど大きなものなのです。

### 手ほどき

○失敗も、人を成長させる「経験」。他人の失敗も、自分の失敗も否定しない
○他人の失敗が許せずイライラしたり、手が出てしまうときは、感情をぶつけている（＝当たっている）だけ。理性で受け止めることが大事

心の声

# 感情に乏しい

天の声

決して悪いことではありません。

もしあなたが何を見ても理性的になって受け止めてしまうのであれば、それはむしろ成長の過程として正しいことなのです。

たとえば、泣くという行為は「感情」であり、そのとき、「理性」は心の片隅に追いやられています。

ただ、感情は人間らしさの顕《あらわ》れともいえますし、感情を持ち合わせない人もいません。しかし、物事を正しく分析するには、理性がなければできないのです。

あなたは、これまでの人生の中でたくさんの「経験と感動」を味わってきたのでしょう。

人生の酸いも甘いも十分に理解できたからこそ、「感情」よりも「理性」が勝ったのかもしれません。

素晴らしいことです。

しかし、ときに感情を表すことは人間らしい情緒をもたらすことにもなりますし、他者の感情を理解する元ともなりますから、感情を味わうことも大切でしょう。その場合でも、理性的に感情移入を楽しむようにしましょう。

すると、情緒のバランス感覚が養えます。

### 手ほどき

○「泣けない」など、感情に乏しいからといって落ち込む必要はない。それは、それだけあなたが「理性的」だということ

○理性は大事にしながらも、ときには「人間らしい感情」をさじ加減を見ながら出すのもいい。情緒を育てる学びになる

心の声

# 苦手なことがある

天の声

苦手と怠惰は違います。

怠惰な土地にはどんな花も咲きません。


口先だけで苦手苦手と言い訳をしてみても、そこに努力するという想いがなければ、家族や大切な人に通じません。


得意であることや上手であることと、想い・味わいは別物です。

何事も器用で簡単にできる人よりも、苦手な人が愛する人のために努力をして成すことには、その愛の想いと味わいが宿ります。

人はたましいの存在です。たとえ下手でも、その真心は伝わるのです。

反対に、怠惰な人には、美しいオーラは輝きません。努力の想いと行為こそが、輝くオーラを放つのです。そして、そのオーラの輝きに愛と幸せが集まるのです。

苦手という自責の念で言い訳をするより、味わいを表す努力に大切な時間を費やしてください。それがあなたに対する大切なメッセージです。

## 手ほどき

○不器用でもいい。苦手なことでも、想いをこめて一生懸命しようとする心が大事。そのひたむきさは、上手・下手をも超えるもの

○苦手なことを言い訳にして、〝努力しない人〟になっていないか。怠ける人は、成長もせず、オーラも輝かない

心の声

# 人とうまく付き合えない

天の声

あなたの中の「心の軸」を正しましょう。

あなたは人に迎合することもありません。

無意味に人と付き合うこともないのです。

あなたの人生の時間と、あなたのたましいを大切に尊重し、生きていきましょう。


すべては「そのとき」「何が」「最も重要なのか」をつねに考えて判断し、生きるのです。

人とのコミュニケーションの中で、たとえば「仕事」の「ため」の重要な場面であれば、割り切って、その役割に徹すればよいのだけです。

しかし、「重要なこと」が見いだせないときには、あなたにとって最も重要なのは「時間」なのです。

人生は、有限です。

たとえ人から「付き合いが悪い」と言われようとも、あなたのたましい、人生から嫌われないように心がけるべきです。

## 手ほどき

○人にむやみに迎合する必要はない
○仕事など、果たさなければならない義務なら、人付き合いも仕事のうちと割り切る
○感情的に人と付き合うからうまくいかない。理性で付き合い、どんなときも自分を律して（＝自律）、孤高でいればいい

心の声

# なぜか泣けてくる

天の声

何も感情を持たないにもかかわらず、なぜか泣けてくるときはあるものです。
その場合は、あなたのたましいからのメッセージが三つ、告げられています。

一つは、喜び。
たましいが、ここまで生き、「経験と感動」ができた喜びに溢《あふ》れて、涙がこみ上げるときです。

そして二つめ。それは、これまでの悲しみや苦労に対する労《ねぎら》いです。

そしてもう一つは、霊界や神を感じたときです。

その場合は「真善美」の何かに反応したときであり、そこには「神」が宿っているのです。また、他の存在からのメッセージを受け取ることもあるでしょう。あなたに関わる霊からのメッセージです。そのほとんどは、あなたが懸命に生きていることを喜んでいたり、懐かしんでいたりしているのです。

どうかそのようなときには、それらのたましいの声に寄り添い、その心を受け止めてあげてください。

## 手ほどき

○その涙は「喜び」か

○その涙は「労い」か

○その涙は「霊的なメッセージ」か

○泣けてきたのはなぜか、理由を分析してみる。たましいが震えたからこそ涙が出たのだから、理由は必ずある

心の声

# 家族が憎い

天の声

「肉には肉しか宿らず、たましいにのみたましいが宿る」という言葉がありますが、肉体のうえで血縁があっても、たましいの個性は別なのです。

ですから、家族というのも、人間関係と同じです。「遠くの親戚より近くの他人」という言葉もあるように、他者のほうが親族よりもずっと心が通い合う存在だったりするのも、理解できることでしょう。

しかし、ではなぜ憎いと感じるほどの家族と縁を得たのでしょう。

そこに大きなメッセージがあるのです。

「愛の反対は無関心」という言葉があるように、「憎い」という感情には、「理解し合いたい」という愛が宿っていることに気づいていますか?

そうです。

そこに期待があるのです。その期待も、相手を憎むほどに過剰に募れば、それは結局のところ「依存心」なのです。どれほど相手を否定していても、あなたの中には「自分を受け止めてほしい」という甘えがあることを認めざるをえません。

たましいの視点に立ったとき、ただ相手を「憎む」のではなく、家族がどうしてこのような考えを持つに至ったのかを理解し、包容力で見守るのです。

相手をひとりの人間、たましいとして尊重することが大切なのです。

ですから、人間関係と同様に、お互いの心に土足で踏み込むようなことはせず、適度な距離感を持って冷静に判断すれば、憎むようなことはなくなるのです。

狭い視野でいると、心まで苦しくなってしまいます。広い視野でいれば、自由を得られます。自律し、自立した人生が堂々と歩めるのです。

## 手ほどき

○憎いほどにまで家族を恨んでしまうのは、実は甘えや期待の裏返し。度が過ぎれば、相手への依存になる

○わかってほしいという気持ちがあるからこそ、憎くなる。無関心なら、憎しみさえ抱かない

○家族だからこうあってほしいなどと期待するのではなく、他の人間関係と同様に、相手をもっと尊重すること。適度な距離感を持つ理性が必要

心の声

# お金に執着する

天の声

お金に執着することと、大切にすることは違います。

あなたはお金を大切にしていますか?


執着とはしがみつくこと。

しがみついて泡銭《あぶくぜに》を求めるのではなく、立派に働いてお金を得ましょう。それが「お金を大切にする」ということです。

あなたが高いサラリーを求めるなら、スキルアップに向けて努力することです。

お金は、現世を生きるための「道具」にすぎません。

蓄えることだけに精を出しても、それはただの物です。

お金は心の秤《はかり》。

お金の使い方には、人の心が顕《あらわ》れます。

そこにも、メッセージがこもっています。

お金は、人生の経験と感動の「道具」と理解し、利用していってください。

職人が道具を大切に使うように、あなたの人生を生き抜く道具として、大切に使ってください。

## 手ほどき

○お金はこの世を生きていくための「道具」にすぎない
○お金を得たいなら、まっとうに働いて、その対価として手に入れること。〝棚ボタ〟をあてにしない
○お金に対する感情や使い方には、「その人」が顕れる
○無駄（＝死に金）には使わず、自分の人生を豊かにするために使う（＝生き金）
○お金というのもひとつのエナジー。お金は、水のように清らかに流してこそ、また巡ってくるもの。流れを滞らせてはダメ

心の声

# ひとりでいたい

天の声

「孤高」は大切です。

しかし、孤立や孤独は「孤高」とは異なります。「孤高」とは、常に理性的で、自律と自立ができていて、必要以上に人との関わりを持たず、自分の人生を大切に過ごすことなのです。

反対に、孤立は、人との関わりを拒絶したり、されたりという行為です。

そして、孤独とは、他者を意識しすぎるゆえに「人と交われない寂しさ」を感じることです。つまり、他者を意識しているからこその「人間関係」なのです。

どんなに孤立しようとしても、それは無理なこと。

孤立や孤独も、人間関係なのですから。

人は、誰しも「孤高」の生き方を目指すべきです。

「わがまま」や「権利を主張し、義務を果たさず」とは違います。

孤高とは、働くことなど「社会に生きる義務」をきちんと果たしながら、みずからの人生を大切にひとりで味わい、生きる権利を主張していく道です。

それであれば、何の問題もありません。

---

## 手ほどき

○自分で自分を律し、他者に依存せずに生きるのは「孤高」

○孤高に生きるのは、人としての正しい姿

○「孤立、孤独」と「孤高」はまったくの別物。前者は「自分をわかってほしい」という甘え、後者は「自己責任で生きる」という強さ

心の声

# あきらめられない

天の声

執着は妄想と同じものです。「あきらめられない」と物事に執着する人は、たましいの声を聞くのが下手なのです。

うまくいかないことにも意味があることを理解できないのでしょう。しかし、あなたにはつねに「天からのナビゲーション」があるのです。知らせなのです。

それでも理解できなければ、冷静に分析をしましょう。現実的にも縁がなかったり、成就できなかったという結論は、事実を物語ります。あとは、駄々っ子にならず受け入れましょう。

そして、あなた自身の「たましいの地図」をよく見ることです。冷静になってあなたの行く先を見つめましょう。地図を見ていると、新たなる希望が湧いてきます。

あなた次第で、大空を飛ぶ鳥のように、あなたの旅は広げられるのです。

よく理解してください。

これらは「あきらめること」ではなく、「あなたのたましいに合った道に方向を変えること」なのです。

手ほどき

○「うまくいかない」という現実を謙虚に受け止める
○執着したところで、現実は変わらない
○恋愛や仕事など、あきらめられないという気持ちになるときも、執着を手放すことが大事。うまくいかないのは「別の道がある」という天の声

心の声

# 好かれる自信がない

天の声

ネガティブな発想は、ポジティブな期待の裏返し。

「好かれたい」という想いに不安があるあなたが理解しなければならないことは、自分から愛する努力をしなければ愛されないということです。

いつまでも受け身で待っていても、それは怠惰。あなたの理想とはかけ離れているかもしれませんが、それが真理なのです。


また、「好かれる自信がない」という想いの裏には、これまでの人生で抱えたネガティブな想いが秘められていることでしょう。その秘められた感情の扉を開くのは、苦しく辛《つら》いことかもしれません。しかし、実際のケガも、傷口を見ないことには適切な処置ができないように、目をそらしていては変われないのです。

それは「愛されたことがない」と思うトラウマかもしれません。または過去に成就されなかった痛い思い出が理由かもしれません。その秘めたトラウマに果敢に挑み、乗り越えることが、あなたがその不安から脱する道なのです。

大丈夫。
運命は、あなたの自由意志なのです。
乗り越えた未来に、理想のあなたが待っているのです。

### 手ほどき

○待っているだけではなく、まず自分から人を愛することが先決
○好かれないと思い込んでしまっている「ネガティブな思いぐせ」の原因を探る
○トラウマや過去の苦い経験から目を背けず、向き合ってみる
○今のその葛藤は、愛されるあなたに生まれ変わる前兆。乗り越える勇気を持つ

心の声

# 夢がない

天の声

何も悪いことではありません。

情報過多な現代においては、夢を抱き、熱中している人がかっこよくクローズアップされたり、もてはやされたりしがちで、あたかもそうでなければならないと誘導されているようにさえ思えます。

しかし、将来の夢や希望を持てるようになったのも、その多くは近代に入ってからです。それまでの時代の人は、自分自身の人生の道はある程度決まっていて、その中でコツコツと生きてきたのです。

人生は、成功するなど、何か価値があるから生きるのではなく、生き抜くことに価値があるのです。

平凡でも、生き抜いただけで立派なのです。

そのことが理解できていても、それでもなお苦しみとなるなら、そこにもメッセージが宿ります。

これから先の人生で、夢を得るのかもしれません。または、大げさに考えすぎて夢に気づいていないのかもしれません。たとえば親と暮らすことも立派な夢。大層なことだけではないのです。

あなたは、自由であることを告げられてもいます。

あなただって、人生を決める自由意志を抱いているのです。ただ漠然と毎日を生きているのではなく、あなた自身の手で選び、自由に築いているのです。

心のベクトルに気づきましょう。

今日何を食べたいのかを決めているのもあなたです。どこに買い物に行こうかを決めているのもあなたです。部屋を片づけたいと思って行動するのもあなたです。

それと同様に、将来の夢を抱くことも、実は些細《ささい》なこと。こうした日常のことの延長線上にあるものなのです。

## 手ほどき

○夢を達成し、成功することだけにとらわれない。生き抜くことに価値がある

○今はまだ、情熱を傾けられることに出会っていないだけ

○毎日の中で「小さな夢」を描いて、ひとつずつ実現していくこと。運命は、自分で築くものだとわかれば、希望が持てる

心の声

# 忘れられない

天の声

時間が経てば、思い出は美しく、その想いが真剣なものであったのであればなおのこと色鮮やかによみがえるものです。

しかし、別れがあったからこそ、今があることを忘れてはいけません。事実は事実として受け止めなければならないのです。

すれ違いがあったからこそ、その縁は遠のいたのです。過去の思い出が美化されればされるほど、未来への意欲は薄れていくものです。

過去はずるいです。思い出があるから。

しかし、未来は寂しいものです。まだ思い出を創れていませんから、どのように素晴らしい出会いが待っていても、過去に敵《かな》うはずはありません。

人は臆病で怠惰なのです。できあがった過去にしがみつくことに甘んじ、未来を拓《ひら》く意欲がなかなか持てません。

しかし、過去は、未来を拓きません。未来はあなたの手で拓くことができるのです。その輝く未来のために、過去があったのではないでしょうか。

愛は、一発勝負の博打ではありません。

過去の愛の積み重ねが、よりいっそう輝く未来の愛を創るのです。過去の愛も、未来の愛の中に生き続けるのです。

その事実を知るべきなのです。

## 手ほどき

○過去の思い出は美化されるもの
○後ろを振り返ってばかりになるのは、怠惰だから
○未来を創るのは、あなた自身。過去を「未来を拓くための土台」にすることが大切

心の声

# 引きこもり

天の声

「自分の身は自分で守らなければならない」、そんな経験をしてきましたか？

社会不信、人間不信、すべての不信感に心を奪われれば、たましいがフリーズしても当然です。

特に、物質的価値観の強い現代社会では、無駄に情報も溢《あふ》れ、家族間も打算的になり、社会も嘘偽りに溢れ、弱者を貶《おとし》めるようなことも多々あります。マスコミは社会正義を元にした真実よりも、「人の不幸は蜜よりも甘い」といったネガティブなことばかりを喜んで垂れ流しているようにさえ感じられます。

物質至上主義社会では、「真善美」から遠のいてしまうようです。

そんな現状を真っ正面から受け止めれば、誰でもフリーズして当然です。むしろ毎日を気楽に生きている人のほうが、現実逃避なのかもしれません。
自然の中に生き、衣食住と目に見えないものへの敬いを大切にしている地域から見れば、この現状は信じられないようです。

また、社会に出られない人の中には、家族との関わりに問題がある人も少なくないようです。現世に生まれ出て、最初の人間関係が親子です。そこに愛情の問題があれば、確かに「外に出るのが怖い」と思う一因ともなるかもしれません。

物質至上主義は、弱肉強食です。そして弱者は捨て去られます。また、臭いものに蓋をするように、問題の根本的な解決よりも現実逃避ばかりを望みがちで、これでは快方に向かう道が閉ざされてしまいます。

しかし、現世は「経験と感動」の旅ですから、成果主義ではありません。
たとえどのような道でも、そこには「経験と感動」があり、生き抜くことが正解なのです。
ですから、たとえ外に出ることができないというあなたでも、立派に旅をしているといえます。しかし、苦しみの中に生きるよりも、その苦しみを幸せへと〝万華させること〟が大切です。

この世には、「運命の法則」が働いています。あなた自身の手で人生は変えられるということです。そのためには視野を広く持ちましょう。いくら情報ばかりが多くても、自分が狭い世界に生きていれば、思考の広がりも得にくいものです。

過去を捨て去る覚悟も持ちましょう。過ぎたことは戻せないのです。
また、すぐに他者を変えようとしても無理。自分も周囲も変えられる一番の方法は、まずは自分が変わることなのです。

あなたの人生のフィールドは、家の中だけではないのです。世界はあなたのためにもあるのです。その視点を忘れてはいけません。
勇気を出して、一歩外に出ることです。そして、人生とは何のためにあるのかを探求しましょう。大自然という「真善美」の中に身を置いたり、食べること、美しいものを見ること、人の愛に触れることなど、自然やすべてに感謝し、人間本来の姿を取り戻しましょう。
そこは、神と天国に一番近いところです。

今こそ、自分自身の執着を捨て、すべての闇と決別するときというメッセージが届いているのです。

天の国は、すぐそこにあります。

---

### 手ほどき

○現代は、生きづらい世の中であることは確か
○家族との関わりを見直してみることが必要
○あなたの輝けるフィールドは、家の「外」にもあることを知る
○あなた自身の手で人生は変えられる

心の声

# 苦難を乗り越えられない

天の声

人生に不幸はありません。不幸に見えることにも意味があり、実はどれも幸いなのです。

人は誰もが「目的」を持って生まれてきました。

そして、たましいは永遠ですから、人生はひとときの自分を見つめ向上するエクササイズをする旅なのです。

そんな人生のエクササイズには、あなたにふさわしいカリキュラムが与えられています。

たとえば、病気のある人にとってみれば、病気は本当に辛《つら》いものです。

しかし、それは人生の他の苦難にある人も同様です。

生まれたときから宿命に翻弄される人もいます。見た目ではわかりづらい苦難を抱えている人もいるでしょう。そのように、現世に生きる人はみな、誰もが同様に何かしらのカリキュラムを持っているのです。

それぞれのたましいの力量に合わせたカリキュラムをみずから選んできているのです。昔から「人には乗り越えられない苦難、必要以上の苦労は与えられない」といいますが、それは本当なのです。

しかし、どのような状況にあっても、幸せは感じられます。

苦難にあるときは、どうしてもその苦難にばかり目を向けがちですが、実は幸せのほうが多いのですし、どんな状況でも、幸せを創れる力を持っているのです。

## 手ほどき

○どんなに辛いこと、不幸に見えることも、たましいを向上させるためにみずから選んできた「カリキュラム」
○自分の力量を超えた課題はやってこない
○不幸の数ではなく、幸せの数を数えてみる。すると、すでに身近にたくさんの幸せがあることに気づける

心の声

# 何もかもが嫌になった

天の声

その感情は極めて正常であり、正しい思いです。

そう思うのは、現世の刹那を理解したからに他なりません。

私たちの本当のふるさとは霊的世界です。現世は、仮の世であり、旅の地。ですから、「ホームシック」も当然なのです。

現世は物質界ですし、真理がまかり通らない未熟なたましいの集まりです。たましいの視点で見れば、この世の不条理や刹那を痛感することでしょう。

けれども、理解しなければいけないのは、あなたがみずから求めて現世に生まれてきたということ。
なぜわざわざ大変な現世に生まれてきたのでしょう。
それは、「経験と感動」ができるからです。

現世は、誰もが自身の未熟さをあぶり出し見つめる場所。日々の営みを通して、自分の長所・短所を見つめる旅なのです。
そして、そのたびに成長を遂げられるのです。

それでも理解できないというならば、こう考えてみてください。
なぜ、人は登山やスポーツをするのでしょう?
苦しく険《けわ》しい道です。
そうです。その険しさを通して、たくさんの感動が得られるからです。
あなたの人生も同様です。
途中の景色では中途半端です。「頂上の感動」を得て帰るのです。

## 手ほどき

○現実の厳しさを痛感している証。ある意味で、この現世を生きていると、そう感じる瞬間があっても不思議ではない
○これほどまでに厳しいこの現世を選んで生まれてきた意味を考える
○とことん嫌なことも、楽しいことも味わいたい。そう意気込んで生まれてきたということを思い出す

心の声

# 死ぬのが怖い

天の声

本来、人はたましいの存在なのですから、死して死ぬことはありません。

それを何となく理解できている人は、「死ぬときは死ぬんだよ」などと気楽に言います。


けれども、死ぬのが極度に怖いという人がいるのも事実です。

そのような人は「霊があるなら見たい。そうすれば安心できる」などと言ったりしますが、たとえ霊を見ても納得しません。安心できません。

なぜなら「死ぬのが怖い」こと自体が、大切なメッセージだからです。


そのような人は、現世に生まれ出るにあたり、大きな期待と意欲を抱いて生まれてきたのです。そして、人生の旅でたくさんの「経験と感動」を得たいと強く願って生まれてきたのです。

あの世に帰ることはとても残念なことだから、死ぬのが怖いのです。ある意味で、子どもが大好きな場所から帰るのを拒むのと一緒です。

ですから、最良のことは、死ぬことを忘れるほどに人生に没頭することなのです。「暇はもったいないよ」。そうたましいが告げているのです。

手ほどき

○「死にたくない」というのは「生きたい」という前向きな意欲の裏返し
○人は「死して死なない」。たましいは永遠に生き続ける。だから、恐れることはない
○死への恐怖心を忘れてしまえるほどに、没頭できることを探す。今を生きることに情熱を注ぐことが大事

声を受け取るために

# 眠る前に心身を落ち着ける
# 夜の修身

夜はいい睡眠への準備のひととき。静かな環境で身体とたましいを落ち着け、リラックスしましょう。神経過敏になったり、人間関係で疲れたと感じたときは温湿布法を、眠れないときはヒーリング瞑想法がおすすめです。

## 温湿布法

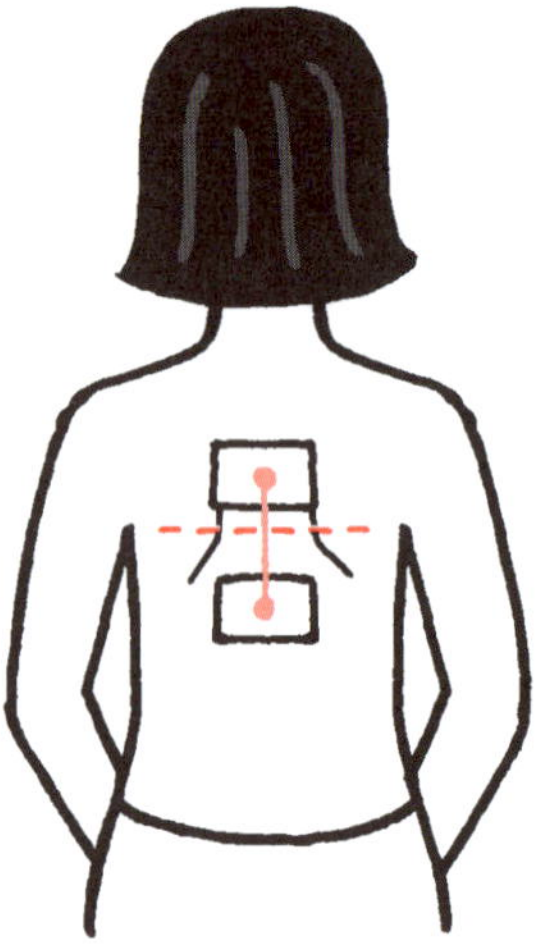

背中の両肩甲骨を結ぶ線の上下にあるツボ（上が「神座」、下が「霊台」）に温湿布をします。温かいタオルをあててもいいでしょう。

ポイント

子どもが情緒不安定で眠れなかったり、怖い夢を見たときなどにも効果的。温湿布をする他、身近な大人が子どもの背中に手をあてて温めたり、優しくさすってあげるといいでしょう。

## 朝の修身、昼の修身、夜の修身は思いついたときにやりましょう

今回紹介した瞑想法などは、修行や訓練とは違います。毎日、全部やらなければ、というような義務感で行うのではなく、気づいたときに意識して取り入れてみてください。「思いつく」ということもメッセージのひとつ。自分にとって「今、必要なんだな」というメッセージに気づき、やってみることが大切です。

# ヒーリング瞑想法

1 横になって、丹田（おへその下、指3本分くらい）に両手をあてます。

2 鼻から大きく息を吸い、口から細く、長く吐き出します。この呼吸を2回繰り返しましょう。

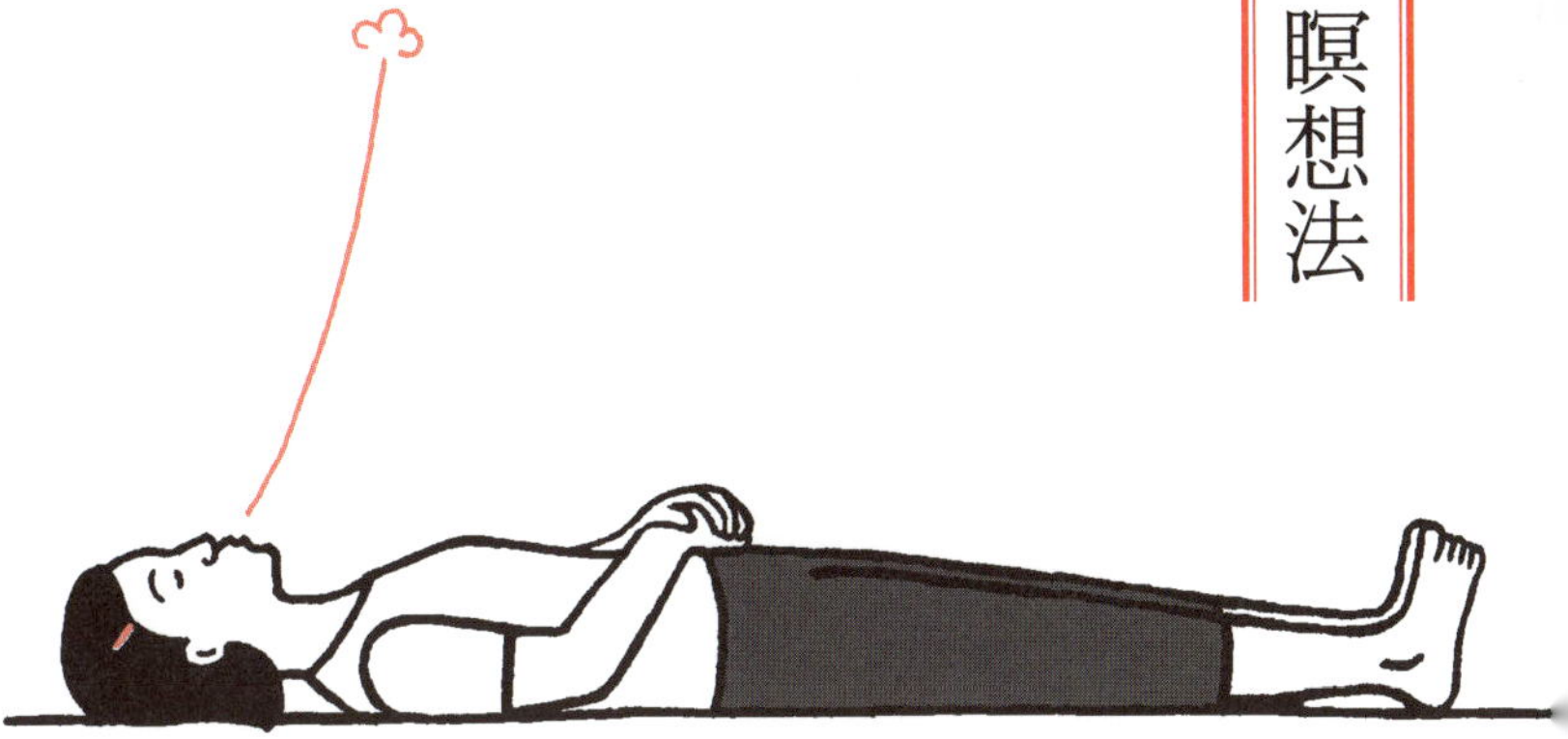

**ポイント** 丹田に手を置くのは意識すると同時に、お腹を温めて眠りに入りやすくするため。しっかり深く呼吸すると、2回でも十分気持ちが落ち着き、温まってきます。

メッセージを受け取るための

# たましいの修身

# あなたの強いたましいにメッセージは届く

幸せとは、人から与えられるものではありません。

絶対的な幸せは、自分自身が実感するものであり、依存しないこと、つまり自律と自立から生まれます。

そう、強いたましいで孤高に生きることが大切なのです。

あなたがもっと強くありたいと思うとき、ふだんの生活の中で、できることがあります。

それは、みずからの五感と六感を磨くこと。

「見る」「聞く」「嗅ぐ」「味わう」「触れる」という五感、そしてインスピレーションなどの六感は、あなたのたましいや精神性と密接に関わっているからです。

五感や六感を高めることには、大きく二つの意味があるといえるでしょう。

ひとつは生への感謝です。わかりやすいのは、「味わう」という感覚。たとえば、昔の日本の食事を思い出してみてください。味噌と漬け物と玄米のご飯。とりたてて手をかけていなくとも、それだけで美味しい、ありがたい、と感じていたはずです。「味わう」という五感を生かし、自然の恵みや食べられることへの感謝があったのです。

また、六感の部分でいえば、誰かと出会って、ふと言われた言葉にインスピレーションを得たというようなとき。「偶然ではなく必然」「袖すり合うも多生の縁」と感じ、感謝が生まれます。

もうひとつの意味は、生への実感です。五感や六感という授かった感覚を、まんべんなく生かせたり、充実させられたとき、生への実感となり、自分自身のオーラを輝かせることにつながります。

五感や六感を、自分自身に備わっている当たり前の機能や思考と思っている人は、多いのではないでしょうか。当たり前にあるのだから、この感覚をもっと楽しもうと考えたり、逆に当たり前すぎて、備わっていることすら忘れているかもしれません。

でも、まずは五感や六感を使える自分への感謝を持つことが大切です。その感謝なくしては、五感も六感も、高めることはできないでしょう。

ここで少し、六感についてお話ししましょう。

五感と六感を、かけ離れたものと思っているかもしれませんが、それは違います。五感それぞれが六感につながっているのです。

「これっておばあちゃんの匂いじゃない？　そんな匂いのお香とかないのに、どうしてだろう」というようなことはありませんか？　あるいは、ふと聞いた音楽の中に、自分が考えていたことの答えが見つかったという経験はないでしょうか。また、子どもの頃にケガをしたとき、お母さんが「痛いの、痛いの、飛んでいけ」と言いながらさすってくれた思い出。本当に、痛みが消えていくような気がしたでしょう。

「嗅ぐ」「聞く」「触れる」などの五感が、六感につながった瞬間です。

しかし、こうした経験はつねに五感を意識しているからできること。ふだん「嗅ぐ」ことを意識していない人が、〝おばあちゃんの匂い〟を突然、感じることはありません。

つまり、現実的な五感を研ぎ澄まし、到達するのが、六感なのです。

五感を高めることの意味に、〝生への実感〟を挙げましたが、五感を研ぎ澄ませなければ、生きる喜びを得るのは難しいでしょう。

「生きててもつまらない」「やる気が出ない」という声をよく聞きますが、自分自身の五感や六感を生かし切っていないことが、原因のひとつではないかと思います。自分の体ひとつも理解できていない、生の実感を得ていないのですから、心はあるのにどこか不在という感じになるのも、当然です。

そもそも五感は、生きるため、身を守るためのものです。安全なものかどうか、匂いを嗅いで確かめたり、危険なものを口に入れたら、「まずい」と感じて吐き出したり。

今より医療の整っていなかった時代は、おでことおでこをつけて熱を測ったり、顔を近づけて口臭を感じたりしながら、家族の健康を自分たちで察知していました。五感を研ぎ澄まし、六感も使って、体調を感じ取り、自己治癒力にもつなげていたでしょう。

しかし、今の時代は何でも他人任せ。もちろん、医療の進歩が悪いのではありませんが、最初から何でも治してもらおうと頭で決めつけてしまえば、それまで。自分で自分のことを知ろう、癒そうという気持ちは弱くなってしまうのです。

自分の五感や六感を生かさないでいると、依存につながります。他の誰かや何かに、補ってもらうしかないからです。もちろん、目や耳の不自由な人が、誰かに助けてもらうというのは、お互いの学びですし、依存ではありません。それとは違って、使える感覚を使わず、依存しているならば、当然ながら、自律も自立もできません。

現代というコンクリートジャングルで、ひとり、生きるという覚悟を持ってください。

そして、強いたましいであるために、自分自身の五感を研ぎ澄まし、鍛えて、六感につなげていきましょう。

◆五感を鍛える◆

# 見るの修身

「見る」という感覚を高めるために大切なのは、目の前のものにしっかり意識を向けることです。

もしかすると、「自分はちゃんと目を開けているし、物事を見ている」と思うかもしれません。

でも、それは「見る」ではなく、「眺める」ではありませんか?

「眺める」というのは、意識を向けていない状態です。ただ、ぼんやりと景色を目に映しているだけ。似てはいますが、まったく違います。

外界は眺めながら、実際に見ているのは自分の中だけという人は、少なくないように思います。そういう人は、自分の内側ばかりに意識が向いているから、人の話を聞けないし、注意深くない。人との交流の仕方がわからず、人間関係を築くのに必要な気配りもできなくなります。目は開いていても、自分の中に閉じこもっている状態なのです。

では、どうやったら意識を向けて「見る」ことができるようになるのでしょうか?

まずは、いつも見ているものから目を離しましょう。

テレビやパソコン、携帯電話やスマートフォンの画面、新聞や本などから、いっとき目を離してみましょう。特に通勤電車の中や食事のときなどに、いつもそうしたものを見ている人は、努めて目を離してみてください。

人は、突然「見よう」と思っても、何を見たらいいのか、わからなくなるもの。力を抜きなさいと言えば言うほど、逆に力が入ってしまうのと一緒です。

だから、いつも見ていたものを見ないことから始めてください。

すると、必然的に「自分は今、何を見ているんだろう」と意識が向きます。通勤電車の中であれば、車窓の風景かもしれません。自分と同じように通勤する人の姿や表情かもしれません。食事のときならば、一緒に食卓を囲んでいても、よく見ていなかった家族の顔かもしれません。

きっと新鮮な発見があるでしょう。毎日同じ景色を見続ければ、ちょっとした町並みの変化に気づくこともあります。今まで視界に入っていなかったたくさんの情報や、いろいろな自分の視点に気づいて、次第に見る楽しさもわかってくるはずです。

外界を、本当の意味で「見る」ことができるようになれば、それまで内に向いていた自分自身の解放にもつながります。

さらに、感性を高めるためには、リアルなものを積極的に見ることが大切です。現代社会で私たちが見ているものは、リアルではない仮想のものが、実は多いからです。テレビやパソコンの画面に映るのは、仮想の場面ですし、携帯電話やスマートフォンで読む文章は電子の文字です。本や新聞の活字も、手書きではありません。

もっと言えば、リアルなものを、「愛でる」というほどの気持ちを持って見ないと、感性には届きません。そのためには、オーラの強い命のあるものや、自然のものを見るのがいいのです。海や木、草花、動物、人などを、「愛でる」気持ちで見てみましょう。

こうしたことを続けていくと、最初は肉眼という視点ですが、次第に訓練されて、人生の視点を持てるようになります。いろいろなことを考える視点、想像力へと広がっていくのです。

理解することと見ることとは、リンクしています。たとえば、レストランで二人が向き合っているのに、お互いが見ているのは自分の携帯電話の画面。一緒にいても、まったく会話がなかったり、相手を見ずに、わずかな言葉を交わすだけで時間を過ごすことは、今や珍しい光景ではないようです。

しかし、画面から目を離し、意識して相手の目を見て話せば、目配せや、表情の変化、顔色が見えてきます。そうすれば、相手の気持ちが読み取れ、話の内容もより理解できるようになるでしょう。

「見る」ことで注意力が増し、その他の感覚ともつながって、いっそう感性が豊かになるはずです。

## 見るの心得

一、**テレビや携帯電話、新聞などから目を離す時間を持ちましょう。**

一、**自分が今、何を見ているのか意識しましょう。**

一、**命あるものや自然のものを見ましょう。**

一、**「愛でる」気持ちを持って見ましょう。**

◆五感を鍛える◆

# 聞くの修身

「聞く」という感覚を高めるために必要なのは、自然の音を生で聞くということです。

静寂の中に、ふとそよぐ風の音を聞いたことがありますか？　遠くで鳴いている虫の声が聞こえますか？

ヘッドホンをして音楽などを聴いている姿を見かけますが、それはあくまでも人工的な音で鼓膜を振動させているだけ。ヘッドホンを外し、音楽を止めてみましょう。そして、自然の中に身を置いて、耳を澄ましてください。

最初は何も聞こえないかもしれません。でも、静けさに耳が慣れると、次第にいろいろな音が聞こえてくるでしょう。

つねに人工的な音をフォルテ（強い音）でばかり聴いていると、人間的な情緒の感じ方も、一辺倒になりかねません。ピアニッシモ（弱い音）が聞こえるようになれば、わずかなため息や声音の違いが聞こえます。情緒の感じ方が豊かになり、人間関係でいろいろな心遣いができてくるはずです。

また、自然の音の中でも水の音は、癒しや情緒の安定、浄化になります。昔から日本の家には、〝ししおどし〟などの水場がありました。水の音に、爽やかさややすらぎを感じていたのです。そして、洋の東西を問わず、清めの儀式に欠かせないのが水。だからといって、最初から浄化だけを目的に水の音を聞くのでは意味がありません。自然の中で水の音を意識して聞いてこそ、浄化のイメージへつながるのです。

人工的なノイズが溢れた都会で、「聞く」感覚を高めるのは、至難の業。できれば、自然豊かな田舎に行きましょう。それが無理でも、ぜひ雑踏から離れた大きな公園や海、川などへ行ってみてください。

## 聞くの心得

**一、人工的な音や音楽から離れる時間を持ちましょう。**
**一、自然の音に耳を澄ましましょう。**
**一、水の音を聞きましょう。**

◆五感を鍛える◆

# 嗅ぐの修身

「嗅ぐ」という感覚を高めるために大事なのは、日常にあるひとつひとつの匂いを自覚することです。

コーヒーやお茶の香りはもちろん、畳の上を歩くときのい草の匂い、洗濯物をたたむときに感じるお日様の匂い、そんなわずかな匂いにも気をつけてみましょう。服を着替えるとき、お風呂に入るとき、どんな匂いがするだろうかと、嗅いでみましょう。

そして、やはり自然の匂いを、意識して嗅いでみてください。山に入ったときの木々や草、土の匂い、海辺で感じる潮の匂い、あるいは雨の匂いなどです。

今は作られた香りがたくさんあります。そうした人工的な香料ばかりに包まれていると、〝自然の匂い〟がわからなくなってしまうかもしれません。芳香剤をやたらと使ったり、逆に無臭にしようと、懸命に消臭したり……と、極端な使い方で、いっそう「嗅ぐ」という感覚が衰えてしまうのです。その結果、いろんな匂いが混じった散らかし放題の部屋でも、平気で暮らせるようなことが起きるのではないでしょうか。

五感すべてにいえることですが、五感とたましいの記憶は密接なつながりがあります。思い出になるのです。特に匂いに関しては、幸せ感とつながりやすいかもしれません。嗅いだとたんに幸せになるような匂いに出会うと、心の状況が瞬間的に変わることもあります。

だからこそ大事なのは、ふだんから意識して「嗅ぐ」こと。もともとの「嗅ぐ」感覚を高め、自分にとってのいい匂いを心の中にストックしておきましょう。

## 嗅ぐの心得

一、**日常の匂い**を**意識**しましょう。

一、**自然の中**に**身**を**置き**、**匂い**を**嗅ぎ**ましょう。

一、**自分**にとってのいい**匂い**を**心の中**にストックしましょう。

# ◆五感を鍛える◆

## 味わうの修身

「味わう」という感覚を高めるためにぜひしてほしいのは、食べることに集中するということです。

何を食べているのか、どんな味なのかを、意識しましょう。

そのためには、まずよく噛むこと。

最近は、鼻呼吸ではなく口呼吸をする人が増えたとかで、風邪をひきやすくなったという説もあるそうですが、口を閉じてよく噛めば、自然と鼻呼吸になります。よく噛むことで味や食感を実感するだけでなく、みずからの体に、より意識を向けることもできるでしょう。

また、〝ながら食い〟は、やめましょう。

テレビを見たり、メールを打ちながら、食事をしていませんか？　何かをしながら食べていると、何を食べているかという意識が薄れます。

たとえば、花に水をあげるとき、「キレイだね」と語りかけたり、心の中で思ったりしながら水をあげると、花がよく育つといいませんか？　食べるときも、「あぁ、こんな味なんだ」と意識したほうが、栄養もちゃんと体に吸収されるのではないでしょうか。

食べることは養うことです。身を養う。心を養う。〝滋養のある食べ物〟などともいいますが、自分を養う食べ方をすれば、食べたものがいい形で、体の中で生きるはずです。

食に対する意識が高まる一方で、食べ物の季節感がなくなり、食への感謝が薄れてきています。善し悪しは別にして、栄養価だけを考えて、サプリメントやビタミン剤に頼る人も少なくありません。そこには「味わう」ことが抜け落ちているように感じます。

では「味わう」感覚を高めるために、何を食べたらいいか。

新鮮なものというのはもちろんですが、やはりパワーフードを積極的にいただきましょう。同じ食材でも、太陽、土、水など自然のエナジーをたっぷり受けた食べ物には、パワーがあります。

また、旬の食べ物は、一番エナジーが高まっている食材といえます。どうしてこんなにおいしいのかと思うほどに、「恵み」という言葉がぴったりくる食べ物は、やはり旬のものではないでしょうか。

昔からいわれる医食同源という意味でも、旬の食べ物は大切です。夏は体を冷ますような、冬は逆に温めるような食材が多くありますので、健康のためにも季節の食べ物を大切にしましょう。

食べることは、命をいただくこと。「いただきます」には「命をいただきます」という感謝の気持ちが表れています。自然の恵みをいただいている感謝を持ちながら、味わってください。

## パワーフードをいただきましょう

太陽、土、水といった自然のエナジーが込められた食材をパワーフードといいます。季節に関係なく作られたものに比べ、太陽をたっぷり浴び、その土地の豊かな土や水で育った旬の食材は、栄養価が高くて味わい深いなど、食べてもその違いを感じるでしょう。パワーフードを食べることは、食材が持つ自然のエナジーをいただくこと。その恵みに感謝しつつ、新鮮なパワーフードをバランスよく食べることが大切です。

**豆、米、貝類**

豆や貝は形が胎児に似ています。その形が表すように、育むエナジーを蓄えているのです。また、貝には海のエナジーもあります。米も小さいながら、力強いエナジーがたくさん詰まった食材です。

## 味わう の心得

一、よく噛んで、何を食べているかを意識しましょう。
一、パワーフードや旬の食材を積極的に食べましょう。
一、「いただきます」は命をいただくことへの感謝です。

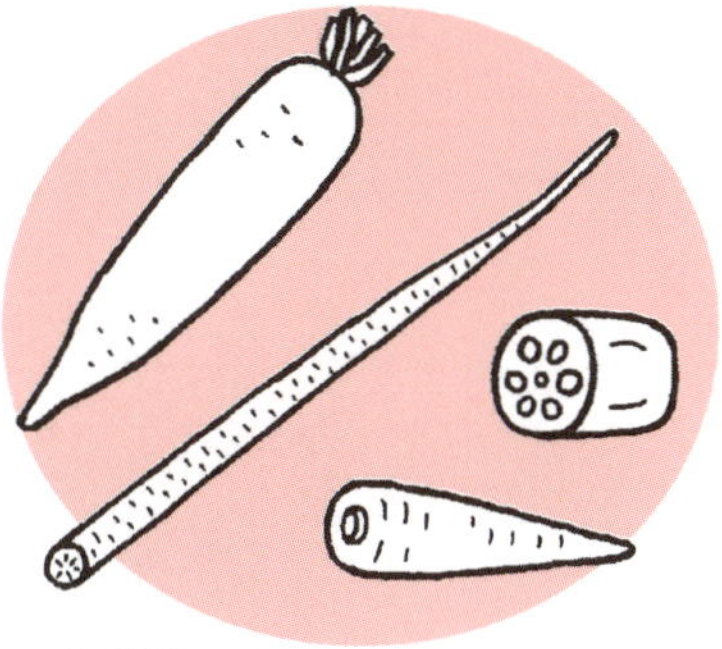

**根菜類**

大根やごぼうなど、大地にしっかり根付いて成長する根菜類には、根強く生きるエナジーがあります。また、レンコンは太陽、土、水、すべてのエナジーをバランスよく受けたパワーフードの一例です。

**海藻類**

海には浄化のエナジーがあります。海で育つ海藻類はミネラルが豊富なのはもちろん、浄化のエナジーに溢れた食材といえるでしょう。

◆五感を鍛える◆

# 触れるの修身

「触れる」という感覚を高めるために重要なのは、あえて身の回りのものに触れ、その感触をしっかり意識することです。

よく、赤ちゃんや幼い子どもは何でも触りたがりますが、それは確認のため。見ているだけでは不安だから、触って安心するのです。最近は親が過保護になったせいか、土で遊んだり、虫に触れたりする機会のない子どもが多いようです。触れる経験が多ければ、安全なもの、危険なものがわかってくるでしょう。しかし経験が少ないと、触ったことのない、得体の知れないものがいっぱいある外界への恐怖心が余計に強まります。すべてがそうとは言いませんが、その結果として、外に出ていけない人が増えているような気がします。

まずは、日常生活の中で、いろいろなもの、特に自然素材のものに触れましょう。木や草に触れる、土をいじる。着ている服や、眠るときの布団などでもいいでしょう。麻のサラサラした感じと綿の柔らかさは、やはり違うはずです。何に触れているのかを意識し、感触を自覚することが大切です。

また、水に触れることは「聞く」同様、情緒の安定につながります。お風呂や洗い物など、ふだんの生活の中で触れて、感触を実感してください。感覚が磨かれていくと、面倒だと思っていた家事なども、面倒にならなくなっていくはずです。

何かに触れるのは、手だけではありません。足は、ふだん靴や靴下に覆われていますが「触れる」感覚を実感しやすい重要なところ。意識して素足で歩きましょう。

芝生や砂利の上、砂浜の波打ち際などを歩いて、「これは芝生だな」「土の上を歩いているんだな」と意識することで、感覚は研ぎ澄まされていきます。同時に、「大地を踏みしめているんだ」という気持ちも湧いてくるのではないでしょうか。家の中でもあえて素足になって、「これが畳の感触だな」などと改めて感じてみましょう。

そして大切なのが、スキンシップです。

たましいと五感はつながっており、「触れる」というのはオーラマーキングになります。なかでもスキンシップはお互いのオーラの交換、融合です。スキンシップの多い子どもは、心が安定していくようです。しかし、たとえば、ふだんスキンシップのない家族に対して、介護ができるでしょうか？　日頃からオーラの交換をしていなければ、難しいかもしれません。それほど触れることと、心の通い合いは関係があるのです。

もちろん、自分で自分に触れることも忘れずに。触れているようでも、体を洗うのに道具を使うなど、意外と素手で全身に触れていないものです。毎日触れて、感覚を磨けば、その日の体調や気分を察知できたり、セルフヒーリングにもなるでしょう。

## オーラマーキングを大切に

オーラマーキングとは、物や場所に自分のオーラを付着させることです。触れたものや歩いた場所などにはオーラが残ります。

自分の家に帰るとほっとするように、オーラマーキングをしたところでは、安心してリラックスしやすくなります。

掃除をしたり、洗濯物をたたんだりといった日常的なことも、オーラマーキングになります。

ただし、そのときのエナジーが残るので、ポジティブな気持ちでいることが大切。もしも、イラ

イラした気持ちのまま、家族の服をたたんでいたら、きっと家族は気持ちよくその服を着ることができないでしょう。

逆に、「家を守るぞ」という強い気持ちをこめて掃除すると、ガードになります。

スキンシップなどでお互いのオーラを交換・融合するのも、オーラマーキングの一種です。

## 触れるの心得

一、触れているものが何か、どんな感じかを意識しましょう。

一、自然のものに触れましょう。

一、素足になっていろいろなところを歩きましょう。

一、スキンシップを大切にしましょう。

**江《え》原《はら》啓《ひろ》之《ゆき》**

スピリチュアリスト。一般財団法人日本スピリチュアリズム協会代表理事。吉備国際大学、九州保健福祉大学客員教授。1989年、スピリチュアリズム研究所を設立。主な著書に『幸運を引きよせるスピリチュアル・ブック』（三笠書房）、『スピリチュアルな人生に目覚めるために』（新潮社）、『スピリチュアルプチお祓いブック』（マガジンハウス）、『予言』（講談社）、『言霊のゆくえ』（徳間書店）などがある。また、オペラ歌手としてリサイタルを開催するほか、東日本大震災復興支援チャリティーアルバム『おと語り』『うた語り』『ひと語り』（Spiritual Record）をリリースしている。二期会会員。

公式ホームページ　http://www.ehara-hiroyuki.com
携帯サイト　http://ehara.tv/
日本スピリチュアリズム協会図書館（携帯文庫）サイト　http://eharabook.com

＊現在、個人カウンセリング、お手紙によるご相談は行っておりません。

写真：脇谷隆介（カバー）　中島慶子（著者近影）
イラスト：近藤みわ子
ブックデザイン：岡睦（mocha design）

# あなたにメッセージが届《とど》いています

2013年11月7日　第1刷発行

著者　江原啓之
発行者　石﨑孟
発行所　株式会社マガジンハウス
〒104-8003
東京都中央区銀座3-13-10
受注センター　☎049-275-1811
書籍編集部　☎03-3545-7030
印刷・製本所　大日本印刷株式会社


ISBN978-4-8387-2558-8 C0095



マガジンハウス　ホームページ
http://magazineworld.jp/

特別付録

# 「ご神木のエナジー」カード

熱海にある修練所「昌清庵」にて、
江原啓之がみずから撮影したご神木の写真です。
ご神木が持つエナジーを受け取って、
たましいを強くするのに役立ててください。

点線に沿って、ていねいに切り取ってください

あなたにメッセージが届いています

『人生に無駄はない。
災い転じて福となす。』

特別とじ込み

# 未来へのメッセージ

✂ 左端の袋部分をカッターナイフ等で丁寧に切り開いてください

# 1 放射能が怖い

天は見ているのです。

因・縁・果の法則（＝何事にも原因とそれを結ぶ縁があり、その結果として「現実」がある）は絶対なのです。人類の「過信」という傲慢は、どのように隠蔽しても、現実逃避しても、必ず結果として還《かえ》ってくるのです。

だからこそ、すぐに猛省をし、真実を認め、叡智を結集して食い止めることが必要です。謙虚になり、二度とこのような過ちが起きないように、人霊（人間）だけでなく、自然界の大地と多くの生き物との「愛の共存」を目的とした道を歩まなければなりません。

一刻も早く悔い改めなければ、悪夢がますます現実化し、地球を滅ぼすことにもなりかねません。海も陸も汚染は確実に広がり、このままでは汚染地が広がって、さらに危険な状況になってしまうでしょう。

日本における原発は、よく「トイレのないマンション」にたとえられるのを皆さんもご存じでしょう。放射性廃棄物を処分する目途も立たない状況にありながら、このまま原子力に依存し続けるのは、トイレのないマンションに住むようなもの。それがいいことかよくないことかは理性的に見ても明白でしょう。

また、このままでは「病」においても、取り返しのつかない過ちがくり返されかねません。一刻も早く、汚染を食い止め、そして、原子力事業計画を手放すことです。過ちを犯した者は、利益追求を手放すことです。

被害に苦しんでいる方々のお気持ちも、痛いほどわかります。しかし、どうか、この地球すべてが「自分の故郷なのだ」と捉《とら》えていっていただけたらと思います。

今は苦しくとも、理性的に捉え、現実を受け入れ、対処しなければならないのです。浄化させるには、長い時間が必要です。この現実を受け止め、新しい場所で、輝ける未来を創ることです。

人類の身勝手な都合で、「天への畏《おそ》れ」を捨て去ったのです。このまま小我な都合を貫いて、依存し続けるのは虚しいだけです。

真の反省なしに、天に通じる祈りなしです。今こそ、たましいの原点回帰をするときなのです。

我が物顔で身勝手の限りを尽くした、地上のすべての国を天に還すときなのです。愚かな国の境をつくらず、「すべては地球の同胞」と、意識を高めることが急務です。そして、大切に守るべきものは、国の利権ではありません。守るべきは、物質至上主義ではなく、文化です。文化至上主義へと生まれ変わる決意を新たにしなければ、人類に愛の夜明けはありません。

海、山、自然は汚染され、食物もなくなり、病を恐れ、生き残るために惨めな争いをする道。また、生き残る者が死に行く者に憧れるほどに、生きることが苦痛となる道。——その道は目前に迫っているのです。そうならない賢者の道を選ぶか否か。それは、運命の舵を取る現世の人々に委ねられています。

天はずっと以前より警告してきていますが、疑い深い者ですら、もはや現実的にもこのまま歩めば、暗い未来が見えるはずです。

今こそ、声を上げるのです。そして食い止めるべきです。惰性に流されず、未来を変えるのです。

ひとりひとりが救世主として、他人に依存せず、「地上の過ち」に声を上げれば、間に合います。現世の者たちが望めば、叡智はつねに天から与えられます。地上の科学者のもとにも、新たな未来エネルギーなどの「平和な発明」が届けられているはずです。

## 2 子どもを産めるか

このような時代、「子どもを産んでもよいものか」と悩む人もいます。地上の事実を理性的に受け止めれば、ある意味では当然の悩みかもしれません。しかし、産んでもよいものかという不安そのものが負の意識であり、失われた大地を取り返すという想いのなさの表れです。

そもそも、子どもを産む産まないにかかわらず、みずからの手で汚したものを浄化させる償いが必要なのは当たり前のことです。その道がわからずして、何事にも和合を望むのは、不自然な考え方です。子どもを産めるか否か――。それはつまるところ、子どもを育む地上を創り、提供できるか否かなのです。いずれにしても、現世の人々によって後進の道を阻むのは、大きな傲慢な道。ですから、総力を結集し、後進にこの地上の道を明け渡すことは、義務なのです。

また、現世の人々の中には、自分の寂しさや自己満足のために、子どもを得たいと考える傲慢さも見受けられます。しかし、子どものたましいは個人の所有物ではなく、「天からの預かりもの」。いのちのリレーをすることも、現世の大きな使命なのです。

忘れないでください。この現世は「学び舎」ですから、成功することだけが立派なのではありません。「失敗できるという幸い」もあるのです。多くのたましいが、過ちも誉れも喜怒哀楽も繰り返し学び、そして、やがて叡智へと向かっていきます。

有名な讃美歌『アメイジング・グレイス』には、こう歌われています。「道を踏み外した私をも、神は救いあげてくれた」と。今を生きる者が、その未熟さゆえに道を踏み外したとしても、希望は捨てないことです。「賢者は歴史に学ぶ」といいますから、後の世の子どもたちが過去の過ちから学び、挽回する可能性もあるのです。

もちろん、未来に希望をつなぐためには、私たちも「負の遺産」を少しでも減らす努力が必須です。そして、子どもを迎え入れ、子どもを育める「地上」を守り伝えていくことも義務なのです。この本来の道に気づけば、明るい未来が待っています。

# 3 天変地異はあるか

みなさんは信じられないかもしれませんが、自然界は自然霊と呼ばれる霊が司っています。

霊視する者により、太古の昔より「龍神」などに象徴される姿として、表現されてきました。そもそも自然霊とは現世に姿を持ったことのない霊ですから、肉体のような姿はありません。ですから、「姿を表現してくる」と言ったほうが正しいといえます。別の言い方をすれば、自然界を司るほどの霊的エナジーが宿っているともいえます。

これらの霊は、地上界の波動を精妙に受け取り、感応するのです。

私たちには「波動」という念の力がありますが、実はそれが運命を左右しています。自然霊は、私たち地上界の人々の波動に感応し、天候、地震、火山などに影響を与えるのです。

したがって、私たちの放つ波動次第ということです。平安をもたらしもしますし、天変地異をも起こすのです。では、現代人の波動をみなさんは平安と感じますか？それとも戦々恐々とした波動だと思いますか？

そうです。この地上で起きるあらゆることは、「一方的に被《こうむ》ること」ではなく、「私たちの生き方が反映されるもの」なのです。

ここ10年にわたり、私は天変地異について伝えてきました。人々の心は「目に見えないものへの敬い」を忘れ、天を畏れずに生きてきました。それどころか、「物質界の方便」のほうを天のように崇め、この地上を荒々しい波動に変えてしまったのです。

このままでは、さらなる破滅へと向かいかねません。しかし、今ならまだ間に合います。平和は足元からです。まずあなたの周りから、天国の波動へと変えていきましょう。方便に甘んずることなく、正しき道を歩めば良いだけです。

# 4 戦争は起こるのか

地震、ゲリラ豪雨、渇水などの異常気象、火山の噴火など、現代人に向けた天からのメッセージが次々と現実となり、実際に起きています。そして、世界中でもテロや暴動などが後を絶たず、特に日本の周辺諸国では、一触即発の緊迫した状況となっています。そのうえ、自衛隊を国防軍へ移行させようと躍起の者もいて、大変な危機にあることは誰でも理解できることでしょう。天の予言はこれまでにも、「戦争を食い止めるべき」と、現世に生きるものたちへの改心を促すものでした。そして、それは今でも続いています。

この現世における「運命」は、現世主体です。あくまでも、現世に生きる人々に委ねられています。自由意志です。

したがって、未来は決まっていません。平和な世の中にするのも、地獄を見るのも、すべては現世の人間が決めること。しかし、もし、日本が今後、戦の火花を散らせば、この国は壊滅しかねない危機にあるとお伝えしましょう。

ただでさえ、放射能汚染によって他国に与えた損害への賠償をいつ求められてもおかしくない状況ですし、おまけにTPP交渉に参加するという選択によって、今後の日本は食糧自給率を今以上に低下させるでしょう。海も放射能に汚染されて、最終的には兵糧攻めにてもがき終わることになりかねません。最後の苦しみは、戦の苦よりも「飢え」なのです。

かつて敗戦を味わった日本ですが、その後、本当の意味での主権を取り戻せていない中途半端な立場だと感じている人も多いでしょう。今の日本は、防衛費を増やし、国防力を高めるために武器を買わせようとしている同盟国に、多額の費用を支払おうとしているかのようにも見えます。もし万が一にでもこのまま戦争になれば、先に述べたような生き地獄が待っている可能性が高いでしょう。

楽に流されず、悪しき進路を阻止し、平和への道に変えましょう。
世界を「ひとりの身体」と考えてみてください。左手を切ったら、右手は勝利したといえるでしょうか？　いいえ。結局は同じ身体ですから、失血により身体すべてが死ぬのです。ですから、今さら武器も戦争も、いりません。実行すれば、地球全体の破滅につながるのです。世界の核兵器の数を足せば、もはや地球のすべてを破壊できるだけの威力を持っていることは、誰の目にも明らかでしょう。

簡単なこと。——戦争は無駄です。非武装、非暴力、そして、中立こそが平和への道です。そして、生きる原点に立ち返り、衣食住を疎かにしてきた反省をし、原点回帰をするのです。命の糧、食糧自給を第一に守り、素朴な幸せを取り戻すことが急務です。

価値があるから生きるのではなく、生き抜くことに価値があるのです。

それでも、世界の蛮行が収まらず脅かしてくるならば、たとえこの国を捨ててでも生き抜くことです。

もちろん、最後には「天の国」が待っています。そこでは地上とは異なり、正しきことが通ります。ですから、勇気を出して、正しき道を実行し、生き抜いてください。

すべての人が同様にこのメッセージを理解できれば、平和は守れます。

# 5 未来はあるのか

よく考えてみてください。メッセージがあなたに届いている意味を。

そうです。メッセージが届くのは、あなたに未来があるからです。人の未来は、自由意志に委ねられているのです。つまり、すべてはあなたの手中にあるということ。人は誰もがみな、この世の主人公であり、救世主なのです。ですから、あなたが未来を変えずして、いったい誰が未来を変えるのでしょう?

地上界の人々は気づいています。自分たちがした選択の過ちを。しかし、現世の方便や惰性に甘んじて、間違いを間違いと言及できずに、流されてきました。まだまだ疑い深い地上界の人々は、物質的な幸福を失うことの恐れがために、知って「知らぬふり」を続けるおつもりでしょう。

それでもよいでしょう。なぜなら、どのみち万策尽きるのですから。しかし、万策尽きたそのときに、もう一度メッセージをひもといてくださいそしてあなたに向けられた幸福へのメソッドを実践してください。そのとき、本当の幸せに出会えることでしょう。

いつまでも、メッセージはあなたの元に届けられます。あなたが「未来を築くこと」をあきらめない限り——。